Das Hausbuch der
RUSSISCHEN MÄRCHEN

Das Hausbuch der
RUSSISCHEN MÄRCHEN

Mit Bildern von Julian Jusim

GERSTENBERG

Julian Jusim, 1946 im heutigen Samara an der Wolga geboren, studierte Kunst und Architektur in Moskau. Seit 1983 lebt er als freischaffender Künstler und Illustrator in Bielefeld. Er arbeitet für verschiedene renommierte Kinderbuchverlage.

Inhalt

Vorwort *7*

Fjodor Tugarin und Anastasia die Wunderschöne *9*

Elena die Weise *17*

Von dem kühnen Jüngling, dem Lebenswasser
und den verjüngenden Äpfeln *25*

Die braune Kuh *34*

Die Geschichte von Wassilissa mit dem Goldzopf und Iwan
aus der Erbse *38*

Die beiden Brüder *49*

Das Federchen vom hellen Falken Finist *51*

Feuervogel und Zarewna Wassilissa *62*

Der Traum *67*

Die beiden Fröste *79*

Zarewna Frosch *82*

Emelja der Dummkopf 90

Wassilissa die Wunderschöne 102

Von dem Bauern, der gewandt zu lügen verstand 113

Die zwölf Monate 116

Siebenjahr 126

Zar-Bär 133

Worterklärungen 142

Verzeichnis der Autoren und Quellen 143

Vorwort

Russland verfügt über eine vielfältige und reiche Märchentradition. Wie in anderen Ländern auch wurden die Märchen lange Zeit ausschließlich mündlich überliefert, bevor sie eines Tages aufgeschrieben wurden.

Nach dem Vorbild der »Kinder- und Hausmärchen« der Brüder Grimm im romantischen Deutschland sammelte Alexander Afanasjew die russischen Volksmärchen und gab sie zwischen 1855 und 1863 heraus. Die meisten der in diesem Hausbuch zusammengestellten Texte stammen aus seiner Sammlung anonymer Volksmärchen. Daneben enthält der Band aber auch Kunstmärchen von Samuil Marschak, Michail Michailow und Leo Tolstoi.

Einige der Stoffe, Motive und Gestalten aus der russischen Märchenwelt sind auch dem deutschen Leser vertraut, wie zum Beispiel die Meilenstiefel, der fliegende Teppich, die böse Stiefmutter oder die neidischen Schwestern. Andere sind hierzulande weniger bekannt, so Emelja der Dummkopf oder die Figur der Baba Jaga. Der vorliegende Band möchte dazu einladen, Bekanntes wiederzufinden und Neues zu entdecken.

Julian Jusim, 1946 an der Wolga geboren, ist mit den russischen Märchen aufgewachsen, die er als Kind von seinen Eltern hörte. Später studierte er Kunst und Architektur in Moskau. Während seines Studiums reiste Jusim durch das ganze Land und kam dabei auch in entlegene Gegenden. Die Landschaft mit ihren tiefen Wäldern und auch die Menschen – ihre Art zu sprechen und zu erzählen – prägten sich ihm tief ein und hinterließen einen unauslöschlichen Eindruck. Jusim, der inzwischen seit mehr als 25 Jahren in Deutschland lebt, hat seine inneren Bilder für diese Prachtausgabe wieder lebendig werden lassen.

Fjodor Tugarin und Anastasia die Wunderschöne

Es lebten einmal ein Zar und eine Zarin, die hatten einen Sohn, Fjodor, mit dem Beinamen Tugarin, der Starke, und drei Töchter. Sie lebten recht und schlecht. Bei ihrem Tod befahlen sie Fjodor, dass er seine Schwestern den ersten Freiern zu Frauen geben müsse. So verging ein Jahr. Eines Tages brach ein großer Sturm los, dass Gott erbarm, der wehte den Wind herbei. Als der Wind bis auf die Rampe geflogen war, wurde alles still.

Der Wind sagte zu Fjodor: »Gib mir deine älteste Schwester zur Frau, sonst blase ich deine Hütte um und erschlage dich!«

Fjodor führte seine Schwester vor das Haus. Der Wind ergriff sie und verschwand mit ihr unter großem Geheul und Getös, niemand wusste, wohin. Auf gleiche Weise gab er im dritten und vierten Jahr seine zweite Schwester dem Hagel und die jüngste dem Donner zur Frau.

Als Fjodor seine Schwestern verheiratet hatte, ging er auf die Wanderschaft. Er ging immer geradeaus fort. Da fand er einen Ritter verwundet am Boden liegen, den fragte er: »Wenn du noch lebst, sage mir, wer dich schlug.«

Eine Stimme antwortete ihm: »Gib mir Wasser zu trinken.« Als der Verwundete getrunken hatte, sagte er: »Geh und gib dem zweiten Ritter auch zu trinken.«

Fjodor fragte auch den zweiten Ritter, wer ihn verwundet habe, und erhielt die Antwort, er solle weitergehen und den dritten Ritter fragen. Dieser antwortete ihm, dass Anastasia die Wunderschöne alle drei Kämpfer besiegt habe und selber jetzt im Schloss ausruhe. Fjodor ritt weiter bis zum Schloss, band sein Pferd fest, trat in den Palast ein und legte sich neben Anastasia nieder.

Als Anastasia die Wunderschöne erwachte, weckte sie ihn und sagte: »Kommst du zum Streit oder in Frieden?«

Da antwortete er: »Wenn unsere Pferde miteinander kämpfen, dann wollen wir es auch tun.«

Sie ließen ihre Pferde zusammen, die beschnupperten und schleckten einander und zogen gemeinsam auf die Weide.

Da sagte Anastasia die Wunderschöne zu Fjodor Tugarin: »Sei mein Mann, ich will dein Weib sein.«

Sie setzten sich auf ihre Pferde und ritten zu ihrem Haus. Dort lebten sie zusammen wie die Tauben.

Einmal wollte Anastasia auf die Jagd gehen und sagte zu ihrem Mann: »Du darfst in meinem Haus überall hingehen, nur dorthin nicht, wo es mit Bast und Lehm verklebt ist.«

Dort hing nämlich der Drache, der Anastasia mit Gewalt heiraten wollte. Anastasia hatte ihn aber besiegt und an dem Webstuhl aufgehängt.

Als sie auf der Jagd war, ging Fjodor überall herum, und als er alles gesehen hatte, hielt er es nicht mehr aus und tat, was seine Frau ihm verboten hatte. Da sah er den Drachen an einem Webstuhl hängen.

Kaum erblickte dieser Fjodor, so sagte er: »Ah, willkommen, tapfrer Fjodor Tugarin! Hilf mir ein wenig.«

Fjodor half ein wenig.

»Noch ein wenig.«

Er tat es.

»Noch ein bisschen.«

Er tat es.

Als der Drache sich losgemacht hatte, sagte er: »Du halfst mir aus großer Not. Ich danke dir.« Dann flog er davon.

Nachdem Fjodor dem Drachen fortgeholfen hatte, dachte er nach und sagte: »Jetzt wird meine Frau zornig auf mich sein.« Er überlegte es sich und verließ das Haus. Fjodor ging und ging, da sah er ein Haus vor sich stehen. Er ging darauf zu und sagte in der Tür: »Herr Jesus Christus, erbarme dich unser!«

Eine Frauenstimme erwiderte: »Wenn du ein ordentlicher Mensch bist, tritt ein, taugst du nichts, dann hast du hier nichts zu suchen!«

Fjodor trat in die Stube und fand seine Schwester. Als sie ihn erkannte, fragte sie: »Bruder, weshalb kommst du? Wenn mein Mann, der Wind, dich hier trifft, wird es ein Unglück geben.« Darauf nahm sie ihn und versteckte ihn.

Da flog auch schon der Wind in die Hütte und sagte: »Pfui, ich rieche russische Knochen!«

Die Frau erwiderte: »Ihr flogt über Russland und brachtet den Geruch mit Euch. – Wenn jetzt mein Bruder käme«, fuhr sie fort, »was tätet Ihr?«

»Ei, wir würden essen, trinken und spazieren gehen.«

Da sagte sie: »Da ist er!«, und führte ihn herbei.

Als der Wind Tugarin sah, war er sehr erfreut. Sie tranken und schwatzten und feierten eine ganze Woche lang.

Dann ging Fjodor zu seiner zweiten Schwester, die mit dem Hagel verheiratet war. Fjodor erzählte seinen Schwägern und Schwestern, wie er eine Frau erlangt und sie durch Unvernunft wieder verloren hatte, denn er wusste, dass der Drache Anastasia plötzlich ergriffen und in seine Höhle geschleppt hatte.

Nachdem er bei zwei Schwestern gewesen war, suchte Tugarin die dritte auf. Unterwegs ereilte ihn die Nacht in einem dichten Wald. Er musste bei einer Quelle übernachten. Bei seinem Erwachen am nächsten Morgen sah er Anastasia die Wunderschöne an der Quelle Wasser holen. Sie erblickten einander und freuten sich. Sie erzählte ihm, dass der Drache sie auf der Jagd ergriffen und in den Wald geschleppt hatte, wo sie auch jetzt lebten. Darauf stiegen sie zu Pferde und ritten davon.

Der Drache, Anastasias Mann, war unterdessen auf der Jagd. Plötzlich stolperte sein Pferd: »Weshalb strauchelst du, mein liebes Pferd?«

»Wie könnt' ich anders, wenn mittlerweile Anastasia mit Fjodor Tugarin entweicht!«

»Können wir sie noch einholen?«, fragte der Drache.

»Wir können Hafer säen, ernten und fressen und sie noch einholen«, sagte das Pferd. Sie taten all das und jagten dann Anastasia und Tugarin nach.

Als der Drache die beiden erblickte, rief er ihnen »Halt!« zu, aber sie ritten weiter. Der Drache trieb sein Pferd an und sagte zu Fjodor: »Ich rief, damit du Halt machest, dann hätte ich dir verziehen. Du hörtest mich aber nicht an, das hast du jetzt davon!«, sagte er und erschlug ihn, dann ergriff er Anastasia und ritt nach Hause.

Fjodors Schwäger erfuhren dies und flogen herbei. Sie verschafften sich heilendes, belebendes Wasser und heilten und belebten Tugarin. Als Fjodor zu sich kam, sagte er: »Ach, wie schlief ich!«

Da sagten seine Schwäger: »Ohne uns schliefest du für immer.«

Fjodor dankte ihnen und ging neuerdings an die Quelle, dort traf er Anastasia und sie freute sich, als sie ihn erblickte. Er bat sie, von dem Drachen zu erfahren, wie man ein Pferd erlangen könnte, mit welchem man ihm entkommen könne, und wo sein Tod sei.

Anastasia versprach, das zu erforschen, nahm das Wasser und ging nach Hause. Der Drache war auf der Jagd. Tugarin wartete an der Quelle auf das, was seine Liebste ihm sagen würde.

Als der Drache heimkehrte, kam ihm Anastasia entgegen, nahm das Pferd am Zügel und führte es in den Stall. In der Hütte begann sie, den Drachen zu küssen und ihm zu schmeicheln: »Was habt Ihr für ein schnelles Ross! Wo gibt es noch eines, das schneller wäre?«

Der Drache wurde bei ihrer Zärtlichkeit weich, da sie ihm sonst nie schöntat, vergaß alle Vorsicht und erzählte zu seinem eigenen Schaden: »Es gibt eine Frau, die hat zwölf Stuten, wenn man von diesen ein Pferd erhalten kann, so könnte man damit meines einholen. Nur ist es schwer, von der Frau ein Pferd zu bekommen. Drei Tage lang muss man die Pferde hüten, ohne einzuschlafen, denn sonst entlaufen die Stuten. Die Frau gibt aber jedem ein Schlafkraut ein. Muss sie dann selbst die Pferde herbeirufen, so schneidet sie dem Wächter Riemen aus dem Rücken und jagt ihn davon.«

Anastasia schmeichelte weiter. »Und wo ist Euer Tod?«

»Auf einer Insel ist ein Stein, in dem Stein ist ein Hase, in dem Hasen ist ein Fisch, in dem Fisch ein Ei, in dem Ei eine Lerche, in der Lerche ein Stein. Der ist mein Tod!«

Was Anastasia erfahren hatte, teilte sie Fjodor mit und der erzählte es seinen Schwägern. Diese flogen aus, den Stein zu suchen, und Fjodor ging zu dem alten Weib, die Pferde hüten.

Wie Fjodor so ging und ging, traf er Wölfe, die um Knochen stritten. Er teilte die Knochen und die Wölfe dankten und sagten voraus, dass sie ihm noch von großem Nutzen sein würden. Fjodor ging weiter und weiter, da traf er Bienen, die stritten um Honig. Er verteilte den Honig unter ihnen und die Bienen dankten und versprachen ihm ihre Hilfe. Später traf er Krebse, die stritten um Fischrogen. Er teilte denselben und sie versprachen ihm dasselbe wie die Wölfe und die Bienen. Endlich fand Fjodor die Hütte der Alten mit den Stuten. Er begrüßte sie und bat, als Pferdehirte aufgenommen zu werden.

Die Frau fragte: »Was willst du dafür?«

Er sagte: »Ein Füllen.«

»Wenn du die Pferde drei Tage lang hütest, sollst du eins haben«, gab sie zur Antwort.

Das war ihm recht. Den nächsten Tag stand Fjodor frühmorgens auf, wusch sich und betete, dann trieb er die Pferde auf die Wiese. Die Frau gab ihm Brot zum Essen mit, darin war aber ein Schlafkraut eingebacken. Nachdem Tugarin die Pferde auf die Wiese getrieben hatte und sie weideten,

aß er das Brot. Kaum hatte er es gegessen, so schlief er ein und schlief zwei Tage lang, unterdessen liefen die Pferde weit weg.

Am dritten Tag zwickte Fjodor etwas, er erwachte und sah die Krebse, unter die er die Fischrogen geteilt hatte.

»Steh auf«, sagten sie, »und suche die Pferde, sonst kommt die Alte, und das wäre dein Unglück.«

Er sprang auf und wollte die Pferde suchen, da sah er, wie die Wölfe und Bienen ihm die Pferde zutrieben. Tugarin freute sich sehr und dankte Krebsen, Bienen und Wölfen, dann trieb er die Pferde nach Hause.

Als die Alte Fjodor mit den Pferden sah, kam sie ihm entgegen und sagte: »Es ist dein Glück, dass du alle Pferde hast.« Dann führte sie ihn in die Hütte und gab ihm zu essen. Während er aß, ging sie in den Stall. Fjodor ging ihr nach, ohne dass sie seiner gewahr wurde, und beobachtete, was sie tun würde.

Die Alte nahm einen eisernen Stab, schlug die Stuten und befahl jeder, bis zum Morgen ein Füllen zu haben, das beste aber sollte krätzig sein, damit Tugarin es nicht wähle.

Fjodor hörte das alles, ging zurück in die Hütte und legte sich schlafen.

Früh am nächsten Morgen verlangte Fjodor seine Bezahlung. Die Frau führte ihn in den Stall zu den zwölf Füllen, die über Nacht gekommen waren, und sagte: »Wähle dir, welches du willst.«

Fjodor wusste schon, welches Pferdchen er wählen musste, und dieses sagte ihm auch alsbald mit menschlicher Stimme: »Gib mir drei Tage Zeit, um zu weiden und zu wachsen, dann wirst du schon sehen!«

Fjodor willigte ein. Nach dem ersten Tag sprang das Füllen so hoch wie ein halber Baum. Am zweiten Tag setzte es über den Baum hinweg und am dritten sprang es bis zum Himmel hinauf, dabei wurde es so schön, gar nicht mehr wiederzuerkennen. Auf diesem Pferd ritt Fjodor zu den Schwägern, die gaben ihm den Stein, den sie auf der Insel erworben hatten.

Jetzt ritt er in den Wald, wo Anastasia lebte, und erwartete sie an der Quelle. Nach einer Weile kam Anastasia gelaufen und holte Wasser. Er nahm sie, setzte sie auf sein Pferd und hatte dies kaum durch einen Schlag angetrieben, so sprang es über die Bäume weg.

Der Drache war auf der Jagd, da merkte er, dass Anastasia entfloh. Er schlug sein Pferd und jagte ihnen nach.

Wie sein Pferd über die Bäume flog, sagte es: »Wir werden Tugarin einholen, obwohl er meinen jüngsten Bruder reitet, aber Anastasia erlangen wir nicht.«

Als der Drache Tugarin erreichte, nahm dieser den Stein und warf ihn nach dem Drachen. Der Stein traf ihn auf die Stirne und erschlug ihn.

Fjodor Tugarin und Anastasia die Wunderschöne erreichten wohlbehalten ihr Haus, lebten dort froh und vergnügt und leben auch noch heute. Ich war dort, trank Honig und Wein. Es floss mir über den Bart, doch in den Mund kam nichts herein.

Elena die Weise

In der ganz alten Zeit, in einem Land, nicht in unserem Reiche, musste einmal ein Soldat vor einem steinernen Turm Wache stehen. Der Turm war mit einem Schloss verschlossen und einem Siegel versiegelt und es war in der Nacht. Gerade um Mitternacht hörte der Soldat jemanden aus dem Turm rufen: »He, Soldat!«

»Wer ruft mich?«, fragte der Soldat.

»Ich bin es – der böse Geist!«, antwortete eine Stimme hinter einem vergitterten Fenster. »Dreißig Jahre sitze ich hier, ohne zu essen und zu trinken.«

»Was willst du?«

»Lass mich heraus; wenn du in Not bist, will ich dir helfen. Denk nur an mich, dann komme ich dir zu Hilfe.«

Da riss der Soldat gleich das Siegel ab, zerbrach das Schloss und öffnete die Tür. Der Böse flog aus dem Turm heraus, schwang sich in die Höhe und verschwand schneller als der Blitz.

»Nun«, dachte der Soldat, »da habe ich mir schöne Sachen eingebrockt. Mein ganzer Dienst ist verdorben. Jetzt werde ich eingesperrt, vor das Kriegsgericht gestellt und muss Spießruten laufen – besser, ich gehe davon, solang es noch Zeit ist.«

Er warf Büchse und Ranzen auf die Erde und ging fort, immer der Nase nach. Er ging einen Tag um den andern, da packte ihn der Hunger. Zu essen und zu trinken

hatte er nichts; er setzte sich am Weg nieder, weinte bittere Tränen und dachte: »Bin ich nicht dumm? Zehn Jahre diente ich dem Zaren, war immer satt und zufrieden, jeden Tag bekam ich drei Pfund Brot und jetzt! Ich lief davon, nur um vor Hunger zu sterben. Ach, böser Geist, an all dem bist du schuld!«

Plötzlich, der Soldat wusste nicht, von woher, stand der Böse vor ihm und sagte: »Guten Tag, Soldat, weshalb jammerst du?«

»Wie sollte ich anders, wenn ich schon den dritten Tag vor Hunger vergehe?«

»Gräm dich nicht, dem kann man abhelfen«, sagte der Böse. Er sprang hierhin und dorthin und brachte allerhand Weine und Speisen herbei, sättigte den Soldaten damit und schlug ihm dann vor: »Komm mit in mein Haus, dort wirst du ein sehr freies Leben haben. Essen, trinken und faul sein kannst du, so viel dein Herz begehrt; nur musst du auf meine Töchter aufpassen, mehr verlange ich nicht von dir.«

Der Soldat war einverstanden. Der Böse nahm ihn beim Arm, erhob sich mit ihm hoch, hoch in die Luft und trug ihn über dreimal neun Lande ins dreimal zehnte Reich in seinen weißsteinernen Palast. Der Böse hatte drei Töchter, die waren wunderschön. Er befahl ihnen, dem Soldaten zu gehorchen und ihm genügend zu essen und zu trinken zu geben. Er selbst flog wieder fort, Schlechtigkeiten zu verüben, denn er war eben der Böse. Er kann nicht an einem Ort bleiben, er streift immer durch die Welt, verführt die Menschen und verleitet sie zur Sünde.

Der Soldat blieb bei den schönen Mädchen und führte ein Leben, bei dem man das Sterben vergessen konnte. Nur eines bekümmerte ihn: Jede Nacht gingen die Mädchen aus dem Haus und er wusste nicht, wohin. Wenn er sie danach fragte, so leugneten sie alles ab.

»Schon gut«, dachte der Soldat, »ich werde die ganze Nacht wachen, dann werde ich sehen, wohin ihr geht.«

Am Abend ging der Soldat zu Bett und tat, als schliefe er ganz fest ein; aber heimlich wartete er nur auf das, was geschehen würde. Als es Zeit war, schlich er leise zur Schlafkammer der Mädchen und sah durch das Schlüsselloch an der Tür. Die schönen Mädchen nahmen gerade einen Zauberteppich, breiteten ihn auf dem Fußboden aus, schlugen darauf und verwandelten sich in Tauben, flatterten auf und flogen zum Fenster hinaus.

»Was für ein Wunder!«, dachte der Soldat. »Das will ich auch probieren.«

Er sprang in das Zimmer, schlug auf den Teppich und verwandelte sich in eine kleine Grasmücke; so flog er zum Fenster hinaus und den Mädchen nach. Die Tauben ließen sich auf einer grünen Wiese nieder und die Grasmücke auch. Der Soldat verbarg sich hinter den Blättern eines Johannisbeerstrauches und von dort schaute er hervor. Es kamen noch viele, viele Tauben geflogen und füllten die ganze Wiese und in der Mitte von der Wiese stand ein goldener Thron. Nach kurzer Weile erstrahlten Himmel und Erde und durch die Luft kam ein goldener Wagen geflogen, der war mit sechs feurigen Drachen bespannt; darin saß Elena die Weise. Die war von so unbeschreiblicher Schönheit, dass man sie sich weder vorstellen, noch erfinden, noch im Märchen schildern kann. Sie stieg aus dem Wagen, setzte sich auf den Thron, rief dann die Tauben der Reihe nach auf und lehrte sie verschiedene Weisheiten. Als der Unterricht zu Ende war, sprang sie in ihren Wagen und fort war sie.

Jetzt erhoben alle Tauben ihre Flügel und flogen davon, jede nach ihrer Seite. Die Grasmücke folgte den drei Schwestern und war zu gleicher Zeit mit ihnen wieder in der Schlafkammer. Die Tauben verwandelten sich auf dem Teppich in Mädchen, die Grasmücke in den Soldaten.

»Woher kommst du?«, fragten ihn die Mädchen.

»Ich war mit euch auf der Wiese, sah

die schöne Königstochter auf dem goldenen Thron und hörte, wie sie euch mancherlei Künste lehrte.«

»Nun, es ist dein Glück, dass du heil wieder hier bist, denn diese Königstochter, Elena die Weise, ist unsere mächtige Gebieterin. Hätte sie ihr Zauberbuch bei sich gehabt, so hätte sie dich sofort erspäht und mit einem harten Tod bedroht. Hüte dich, Soldat! Flieg nicht mehr auf die grüne Wiese! Bewundere nicht mehr die schöne Königstochter, sonst verlierst du deinen stürmischen Kopf.«

Den Soldaten bekümmerte das nicht. Er ließ die Reden an seinen Ohren vorübergleiten und erwartete die nächste Nacht.

Durch den Teppich verwandelte er sich wieder in eine Grasmücke und flog auf die grüne Wiese.

Unter dem Johannisbeerstrauch verborgen, betrachtete er Elena die Weise. Er freute sich über ihre unsagbare Schönheit und dachte: »Könnte ich ein solches Weib erlangen, so bliebe mir auf dieser Welt nichts zu wünschen übrig. Ich fliege ihr nach und erfahre, wo sie lebt.«

Als Elena die Weise ihren goldenen Thron verließ, ihren Wagen bestieg und durch die Luft in ihren schönen Palast fuhr, flog die Grasmücke hinter ihr drein.

Die Königstochter fuhr in ihr Schloss und Wärterinnen und Ammen eilten ihr entgegen, ergriffen ihre Hände und führten sie ins Schloss.

Die Grasmücke flog in den Garten, wählte einen schönen Baum, der unter dem Fenster des königlichen Schlafzimmers lag, setzte sich auf ein Zweiglein und begann zu singen, so schön und so schmerzlich, dass die Königstochter die ganze Nacht kein Auge zutat, sondern immer nur zuhörte.

Kaum war die rote Sonne aufgegangen,

so rief Elena die Weise mit lauter Stimme: »Dienerinnen und Ammen, lauft in den Garten, das Vöglein zu fangen.«

Wärterinnen und Ammen eilten in den Garten, den Vogel zu fangen, aber wie hätte den Alten das gelingen können? Die Grasmücke hüpfte von Strauch zu Strauch, von Ast zu Ast, flog nicht weit fort, aber greifen ließ sie sich nicht.

Die Königstochter hielt es nicht aus, lief selbst in den grünen Garten hinaus, um die Grasmücke zu fangen. Sie trat an den Strauch, da rührte sich das Vöglein auf seinem Ästchen nicht, ließ die Flüglein hängen, als hätte es Elena erwartet. Das freute die Königstochter. Sie nahm das Vöglein in ihre Hand, trug es ins Schloss, setzte es in einen goldenen Käfig und hängte den in ihrem Schlafzimmer auf. Der Tag verging, die Sonne sank, Elena flog auf die grüne Wiese, kehrte wieder zurück in ihr Zimmer und legte ihren Schmuck ab. Sie zog sich aus und legte sich schlafen.

Die Grasmücke sah ihren weißen Leib, ihre unbeschreibliche Schönheit und bebte. Sobald die Königstochter eingeschlafen war, verwandelte sich die Grasmücke in eine Fliege, flog aus dem goldenen Käfig heraus, schlug auf den Fußboden und wurde zum wackeren jungen Mann.

Er trat an das Bett der Königstochter, sah fort und fort ihre Schönheit an. Er ertrug es nicht länger, sie nur anzusehen, und küsste ihren süßen Mund. Als er merkte, dass sie erwachte, verwandelte er sich schnell wieder in eine Fliege, flog in den Käfig und war wieder eine Grasmücke.

Elena die Weise machte die Augen auf und sah sich um, es war aber niemand da.

»Gewiss träumte ich nur«, dachte sie, drehte sich auf die andere Seite um und schlief wieder ein.

Der Soldat hielt es nicht aus und versuchte es ein zweites und ein drittes Mal. Die Königstochter hatte aber einen leichten Schlaf und erwachte nach jedem Kuss.

Das dritte Mal verließ sie ihr Bett und

sprach: »Sicherlich ist jemand hier. Ich muss in meinem Zauberbuch nachsehen.« Sie tat es und wusste sofort, dass in dem goldenen Käfig kein einfacher Vogel, sondern ein junger Soldat saß.

»Ach, du Lümmel!«, schrie Elena die Weise. »Komm aus dem Käfig heraus. Für deine Unaufrichtigkeit zahlst du mit deinem Leben!«

Es war nichts zu machen. Die Grasmücke musste aus dem Käfig herausfliegen, schlug auf dem Fußboden auf und verwandelte sich in einen wackeren Jüngling.

Der Soldat fiel vor der Königstochter auf die Knie und flehte um Vergebung.

»Nein, Bösewicht, für dich gibt es keine Gnade!«, schrie Elena die Weise und rief nach dem Henker mit seinem Richtblock, damit er dem Soldaten den Kopf abschlage.

Sogleich stand ein Riese mit Beil und Richtblock vor ihr, warf den Soldaten zu Boden, drückte sein stürmisches Haupt auf den Block und hob das Richtbeil. Winkte nur die Königstochter, so rollte sein junges Haupt davon.

»Hab Erbarmen, wunderschöne Königstochter«, bat der Soldat mit Tränen, »lass mich ein letztes Lied singen.«

»Sing, aber eile dich.«

Der Soldat stimmte ein Lied an, so traurig und wehmutsvoll, dass Elena die Weise zu weinen begann. Ihr wurde es leid um den jungen Mann und sie sagte zu ihm: »Ich gebe dir zehn Stunden Zeit; kannst du dich so geschickt verstecken, dass ich dich nicht finden kann, werde ich dein Weib. Gelingt es dir nicht, lass ich dir den Kopf abschlagen.«

Der Soldat ging in den dichten Wald, setzte sich unter einen Strauch, dachte nach und war sehr traurig.

»Ach, böser Geist, deinethalben sterbe ich!«

Sofort stand der Böse vor ihm.

»Soldat, was willst du?«

»Ach«, sagte er, »ich muss sterben, denn wie sollte ich mich vor Elena der Weisen verstecken?«

Der Böse schlug auf die Erde auf und verwandelte sich in einen schillernden Adler.

»Soldat, setz dich auf meinen Rücken, ich trage dich in die Luft.«

Der Soldat tat es und der Adler flog hinauf in die Luft, bis hinter einen schwarzen Wolkenberg.

Fünf Stunden waren vergangen, da nahm Elena die Weise ihr Zauberbuch, schaute nach, sah alles wie auf der flachen Hand und sprach laut: »Adler, du bist hoch genug geflogen, vor mir verbirgst du dich doch nicht.«

Der Adler ließ sich herab und der Soldat trauerte noch mehr als vorher.

»Was soll ich jetzt tun, wohin soll ich mich verstecken?«

»Warte, ich helfe dir«, sagte der Böse, sprang zu dem Soldaten und schlug ihn auf die Wange. Da wurde er zu einer Stecknadel. Sich selbst verwandelte er in eine Maus, packte die Nadel mit den Zähnen und schlich ins Schloss. Er fand das Zauberbuch und steckte die Nadel hinein.

Als die zweiten fünf Stunden um waren, schlug Elena die Weise ihr Zauberbuch auf. Sie schaute und schaute, aber das Buch zeigte ihr nichts, da wurde die Königstochter sehr zornig und warf das Buch in den Ofen. Dabei fiel die Nadel aus dem Buch, schlug auf dem Fußboden auf und verwandelte sich in einen wackeren Jüngling.

Elena die Weise nahm ihn bei der Hand und sagte: »Ich bin klug, aber du bist noch klüger.«

Sie überlegten nicht lange, sondern heirateten und lebten vergnügt miteinander.

Von dem kühnen Jüngling, dem Lebenswasser und den verjüngenden Äpfeln

Es war einmal ein Zar, der wurde alt und seine Augen wurden schwach, da hörte er, dass im neunmal neunten Reich, im zehnten Land ein Garten stand, dort wuchsen verjüngende Äpfel und ein Brunnen floss dort mit Lebenswasser. Wer die Äpfel aß, wurde wieder jung und ein Blinder, der seine Augen mit dem Wasser wusch, wurde wieder sehend.

Der Zar hatte drei Söhne und sandte seinen ältesten aus, Äpfel und Wasser zu suchen. Er wollte wieder jung werden und gut sehen. Der Sohn stieg zu Pferd, um die Wunderdinge zu suchen. Er ritt und ritt, da kam er zu einer Säule, auf der waren schriftlich dreierlei Wege angegeben. Der erste ließ das Pferd satt werden und den Reiter hungrig sein, der zweite brachte den Tod und der dritte ließ das Pferd hungern und den Reiter satt werden. Der Sohn überlegte lange und ritt dann den Weg, wo er selbst satt werden sollte; er ritt weit, bis zu einem Feld, da sah er ein sehr schönes Haus stehen. Er betrachtete es lange, ritt darauf zu, öffnete die Tore, nahm den Hut nicht ab, verneigte sich nicht und sprengte in den Hof. Die Hausfrau des Gehöftes war eine alte Witwe, die rief dem Jüngling zu: »Alles Gute, teurer Gast!«, und führte ihn in die Hütte, setzte ihn an den Tisch, gab ihm allerhand Speisen und süßen Honigtrank.

Der Bursche aß und legte sich auf die Bank nieder, um zu schlafen. Da sagte die Alte: »Für den Jungen keine Ehre, für den

Kühnen kein Ruhm, alleine zu ruhen! Leg dich zu meinem Töchterlein, Dunja ist gar schön und fein.«

Das war ihm recht. Dunja sagte: »Komm näher heran, in meinen Arm, dann wird uns warm!«

Er rückte heran und fiel durch das Bett in den Keller, dort musste er feuchtes Korn mahlen und konnte nicht mehr heraus.

Der Vater wartete und wartete auf seinen ältesten Sohn. Endlich gab er alle Hoffnung auf und sandte seinen zweiten Sohn aus, ihm Äpfel und Wasser herbeizuschaffen. Der Zarewitsch wählte denselben Weg wie sein älterer Bruder und es ereilte ihn das gleiche Los.

Von dem langen Warten auf seine Söhne wurde der Zar ganz krank. Da bat der Jüngste seinen Vater, nach dem Garten reiten zu dürfen, aber der Vater wollte es durchaus nicht zugeben und sagte: »Söhnchen, dir wird ein Unglück zustoßen. Deinen älteren Brüdern misslang die Reise, du bist so jung, dir kann noch viel leichter etwas zustoßen.«

Aber der Zarewitsch bat so sehr und versprach seinem Vater, sich so zu bemühen, dass kein erwachsener Held mehr leisten könne. Der Vater entließ ihn endlich mit seinem Segen. Auf dem Weg zu der Witwe Haus geschah ihm dasselbe wie seinen Brüdern. Er ritt in den Hof ein, stieg vom Pferd und bat um ein Nachtlager. Die Hausfrau begrüßte ihn ebenso freundlich wie die andern und sagte: »Alles Gute, unerwarteter Gast.«

Sie setzte ihn an den Tisch und brachte ihm so viel zu essen und zu trinken, als er nur brauchen konnte. Als er satt war, wollte er sich schlafen legen, da sprach die Alte: »Für den Jüngling keine Ehre, für den Kühnen kein Ruhm, alleine zu ruhen. Leg dich zu meinem Töchterlein, der schönen Dunja!«

Aber er erwiderte: »Nein, Tantchen, einem reisenden Gesellen taugt das nicht, der muss Kopf und Hand halten im Stand. Aber heize mir ein Bad und lasse mich mit deiner Tochter ein.«

Da heizte die Alte das Bad und führte ihn mit ihrer Tochter hinein. Dunja war gerade so böse wie ihre Mutter. Sie ließ ihn vorangehen, sperrte die Tür zu und wollte im Vorraum bleiben. Der kühne Jüngling stieß aber die Tür auf und zog sie vollends herein. Er hatte drei Stäbe, zwei aus Eisen und einen aus Blei, mit diesen bearbeitete er Dunja. Sie schrie und bat um Erbarmen, da fragte er: »Sage, böse Dunja, wo hast du meine Brüder hingetan?«

Sie sagte: »Die mahlen feuchten Roggen im Keller.«

Er ließ sie daraufhin los und ging in die Hütte zurück, ließ seinen Brüdern eine Leiter herab, befreite sie und schickte sie nach Hause. Sie schämten sich aber, vor ihrem Vater zu erscheinen, weil sie Dunja nicht widerstanden hatten und nichts taugten. So irrten sie lieber durch Felder und Wälder. Der jüngste Bruder ritt weiter und weiter bis an einen Hof und trat in denselben ein. Da saß ein schönes Mädchen und webte Leinwand, er grüßte: »Gott helfe dir, schönes Mädchen.«

»Danke, junger Bursch, schlenderst du nach getaner Arbeit herum oder hast du etwas zu tun?«

»Ich habe etwas zu tun, schönes Mädchen, ich reise in das zehnte Land, in den Garten zu den verjüngenden Äpfeln, zu dem Lebenswasser, für meinen alten, blinden Vater.«

»Ei«, sagte sie, »schwer wird es dir werden, zu dem Garten zu gelangen, aber reite weiter, auf deinem Weg wirst du meiner Schwester begegnen, die weiß mehr als ich und kann dir sagen, was du tun musst.«

Er ritt weiter bis zu der zweiten Schwester, begrüßte sie wie die erste und erzählte von dem Zweck seiner Reise. Sie befahl ihm, sein Pferd bei ihr zu lassen und auf ihrem zweiflügeligen Ross

zu der dritten Schwester weiterzureiten, die würde ihn lehren, was er tun müsse, um in den Garten zu den Äpfeln und dem Wasser zu gelangen. So ritt und ritt er weiter, bis zur dritten Schwester. Die gab ihm ihr Pferd mit vier Flügeln und sagte: »In dem Garten wohnt unsere Tante, eine furchtbare Hexe, wenn du hingelangt bist, schone mein Pferd nicht, treibe es tüchtig an, damit es mit einem Satz über die Mauer fliegt, denn wenn es an die Mauer stößt, so klingen Glöckchen, die dort angebracht sind, die wecken die Hexe und du entgehst ihr nicht. Sie hat ein Pferd mit sechs Flügeln, dem schneide die Adern auf, sonst jagt sie dir auf demselben nach.«

Er tat alles, wie das schöne Mädchen sagte, flog über die Mauer auf seinem Pferd und es streifte die Saiten nur leise mit seinem Schweif, die Saiten klangen, die Glöckchen klingelten, aber nur ganz leise, die Hexe erwachte, ohne zu merken, dass es die Glöckchen gewesen waren, die geklungen hatten. Sie gähnte und schlief wieder ein. Der kühne Zarewitsch ergriff Äpfel und Wasser und ritt davon. Bei den Schwestern tauschte er die Pferde wieder ein und ritt auf dem eigenen in sein Land.

Die schreckliche Hexe erwachte am Morgen und bemerkte, dass im Garten Äpfel und Wasser fehlten; sie bestieg sogleich ihr sechsflügeliges Pferd, jagte zu ihrer ältesten Nichte und fragte: »Ritt niemand hier vorbei?«

»Doch«, sagte die Nichte, »es ist aber schon lange her.«

Die Hexe ritt weiter und fragte die zweite und dritte Nichte. Die sagten dasselbe wie die erste. Die Hexe ritt weiter und hätte beinahe den Prinzen eingeholt, aber er hatte gerade schon sein eigenes Land erreicht und war gerettet, sie wagte nicht, dahin zu reiten. Sie sah ihn nur an, knirschte mit den Zähnen vor Zorn und rief: »Gut, du Dieb! Mir bist du entkommen, gegen deine Brüder wird dir nichts frommen, denen erliegst du unbedingt.« So fluchte sie und ritt nach Hause.

Unser Jüngling ritt weiter, da sah er seine Brüder, die Vagabunden, im Feld schlafen. Er stieg vom Pferd, weckte sie nicht, sondern legte sich neben sie und schlief ein. Die Brüder erwachten, erkannten ihn, nahmen ihm vorsichtig die verjüngenden Äpfel aus seinem Gewand und warfen ihn in einen Abgrund.

Er fiel drei Tage lang bis in das unterirdische Reich, wo die Menschen alles

bei Licht machen. Wohin er dort auch ging, überall trauerten die Leute und weinten. Da fragte er nach dem Grund ihrer Trauer und erfuhr, dass der Zar eine Tochter habe, die wunderschöne Zarewna Poljuscha, und dass sie morgen dem siebenköpfigen Drachen zum Fraß zugeführt werden solle. In dem Reich erhielt das Untier jeden Monat ein Mädchen, und zwar bestimmte ein Gesetz die Reihenfolge, in welcher die Mädchen geopfert wurden. Jetzt sollte die Zarewna hinausgeführt werden. Als unser Held das alles gehört hatte, ging er zum Zaren und sagte ihm: »Ich will deine Tochter von dem Drachen befreien, aber tue du dafür, was ich nachher verlange.«

Der Zar freute sich sehr und versprach, alles zu erfüllen, was der Held erbitte, und ihm obendrein seine Tochter zur Frau zu geben.

Der Tag brach an und man führte die Zarewna hinaus an das Meer zur Festung mit den dreifachen Mauern und der Jüngling ging mit ihr. Er nahm einen eisernen Stab mit, der wog fünf Pud. Man ließ sie allein und sie erwarteten den Drachen. Sie warteten zusammen und plauderten miteinander. Er erzählte ihr von seinen Wanderungen und dass er heilendes Wasser bei sich trage. Endlich sagte er zu der wunderschönen Zarewna Poljuscha: »Suche mir unterdessen ein wenig Läuschen, und wenn ich einschlafe und der Drache kommt geflogen, schlage mich mit meinem Stock, sonst erwache ich nicht«, und er legte seinen Kopf auf ihre Knie.

Sie suchte und er schlief ein. Der Drache kam geflogen und kreiste über der Zarewna. Sie wollte den Zarewitsch wecken und stieß ihn mit ihren Händen, aber er erwachte nicht! Ihn mit dem Stock zu schlagen, wie er befohlen, tat ihr leid, und da er nicht zu erwecken war, beugte sie sich über ihn und weinte, da fielen ihre heißen Tränen auf seine Wangen, er erwachte und rief: »Oh, wie angenehm hast du mich gebrannt!«

Schon ließ sich der Drache auf sie herab. Der Held nahm seinen fünf Pud schweren Stab, schwang ihn und hieb dem Untier fünf Köpfe auf einmal ab, sodass nach dem zweiten Hieb kein Kopf mehr übrig blieb. Er sammelte die Köpfe und verbarg sie unter der Mauer, den Leichnam warf er ins Meer.

Ein schlechter Bursch sah all dies mit an, kroch behutsam hinter der Mauer hervor und schlug dem Jüngling das Haupt ab, warf ihn ins Meer und befahl der schönen Zarewna, dem Zaren, ihrem Vater, zu sagen, dass er sie gerettet habe; wenn sie das nicht tun wolle, drohte er, sie zu erwürgen. Es gab keine Hilfe für Poljuscha, sie weinte und weinte, und so gingen sie zum Zaren zurück. Er kam ihnen schon entgegen und sie sagte, der Bursche habe sie befreit. Über diese Nachricht war der Zar sehr erfreut und bereitete sogleich die Hochzeit. Gäste kamen herbeigereist, Zare, Könige und Prinzen, alle tranken, feierten und freuten sich, nur die Zarewna saß traurig bei Tisch. Sie ging in die Scheune und weinte bittere Tränen in einem Eckchen um ihren kühnen Jüngling. Da kam ihr der kluge Einfall, den Vater zu bitten, er solle einen Fischzug befehlen, und sie begleitete die Fischer auf das Meer. Die Männer warfen Netze aus und zogen viele Fische herauf, Gott weiß, wie viele. Sie sah sie an und sprach: »Ach, das sind meine Fische nicht.«

Bei dem zweiten Zug brachten sie Kopf und Rumpf des toten Jünglings heraus. Poljuscha eilte rasch auf ihn zu, nahm aus seinem Gewand das heilende Wasser, stellte Kopf und Rumpf zusammen und wusch sie mit heilendem Wasser, gleich kam der Jüngling zu sich und sie erzählte ihm, dass der Bursche sie an seiner Stelle zur Frau nehmen wolle. Der Zarewitsch tröstete sie und befahl ihr, nach Hause zu gehen. Er wüsste schon, was zu tun sei. Er ging zum Palast des Zaren, da waren die Gäste alle betrunken, sangen und tanzten. Er sagte, er könne Lieder in verschiedenen Stimmen singen. Das freute alle und er musste singen. Erst sang er eine fröhliche Fabel und die Gäste lobten seinen schönen Gesang sehr. Dann spielte er ein trauriges Lied, dass alle Gäste weinten. Jetzt fragte er den Zaren, wer sein Eidam wäre. Da zeigte der Zar auf den Burschen.

»Zar«, sagte der Jüngling, »gehen wir mit all deinen Gästen zu der Festung, und wenn er die Drachenhäupter herbeischafft, glaube ich ihm, dass er die Zarewna befreit hat.«

Da gingen alle zur Festung. Der Bursche zog und zog an den Köpfen, brachte aber keinen einzigen zur Stelle. Der Jüngling griff nur einmal zu und zog sie alle vor im Nu. Da erzählte die Zarewna, wer sie gerettet hatte. Alle anerkannten das und man band den Burschen an dem Schweif eines Rosses, das man davonjagte, fest.

Der Zar wollte, dass der Jüngling die Zarewna heirate, aber der sagte: »Nein Zar, ich verlange keinen andern Lohn, als dass du mich in die lichte Welt hinaufbringst, ich habe meinen Schwur meinem Vater gegenüber noch nicht erfüllt, er wartet auf mich mit dem heilenden Wasser, er ist ja noch immer blind.«

Der Zar wusste nicht, wie man in die lichte Welt gelangen konnte. Die Tochter wollte sich aber nicht von dem Jüngling trennen und sagte ihrem Vater: »Es gibt hier einen Wundervogel, der könnte uns hinauftragen, nur müssen wir etwas Essen für ihn auf den Weg mitnehmen.« Poljuscha ließ für den Vogel einen ganzen Ochsen schlachten und nahm ihn als Mundvorrat mit.

Dann nahmen sie Abschied von dem Zaren des unterirdischen Reiches, setzten sich auf den Rücken des Vogels und der trug sie in Gottes lichte Welt hinauf. Je besser sie den Vogel fütterten, desto rascher flog er aufwärts, darum verfütterten sie den ganzen Ochsen, und als sie damit fertig waren, ergriff sie die Angst, der Wundervogel könnte sie wieder hinuntertragen, und sie wussten keine Hilfe. Da schnitt Poljuscha ein Stück Fleisch aus ihrem Schenkel und gab es dem Vogel, der schwang sich mit einem Mal in die Oberwelt hinauf und sagte: »Ihr habt mich den ganzen Weg hindurch gut gefüttert, aber Süßeres als das letzte Stück habe ich in meinem Leben nicht gegessen.« Poljuscha drehte ihm ihren Schenkel zu und der Vogel räusperte sich und spuckte das Stück aus, es war noch ganz. Der Zarewitsch legte es an Ort und Stelle und bestrich es mit seinem Wunderwasser, da heilte es wieder an.

Dann gingen sie nach Hause. Der Vater, unser Zar, kam ihnen entgegen und war so froh! Der Zarewitsch sah, dass sein Vater wieder jung geworden war, aber blind war er noch immer. Er bestrich sogleich die Augen mit dem Lebenswasser, da sah der Zar wieder und küsste seinen kühnen Sohn und seine Schwiegertochter aus dem unterirdischen Reich. Der Jüngling erzählte, wie seine Brüder ihm die Äpfel weggenommen und ihn in den Abgrund geworfen hätten. Die Brüder erschraken sehr und stürzten sich in den Fluss. Der kühne Jüngling heiratete Poljuscha und veranstaltete einen Wunderschmaus. Ich aß dort zu Mittag und trank Honig, und was war dort für Kohl, sogar jetzt ist mein Mund nicht voll.

Die braune Kuh

In einem Land in einem Reich herrschten einmal ein Zar und eine Zarin, die hatten eine Tochter, Marja Zarewna. Als die Zarin starb, nahm der Zar eine zweite Frau, die war aber eine Hexe. Die Hexe hatte zwei Töchter, eine mit zwei Augen und eine mit drei Augen. Die Stiefmutter konnte Marja Zarewna nicht leiden. Sie schickte das Mädchen mit ihrer braunen Kuh auf die Weide und gab ihr als ganze Nahrung eine trockene Brotrinde mit.

Die Zarewna ging auf die Weide, verneigte sich vor dem rechten Fuß der Kuh – da war sie auf einmal prächtig geschmückt und hatte zu essen und zu trinken. So hütete sie die braune Kuh den ganzen Tag, geschmückt wie ein Fräulein. Abends verneigte sie sich wieder vor dem rechten Fuß, ward wieder schmucklos und ging nach Hause. Das Stückchen Brot legte sie der Stiefmutter auf den Tisch.

»Wovon lebt sie nur?«, dachte die Hexe, gab Marja Zarewna dasselbe Stückchen Brot am nächsten Tag wieder mit und sagte ihrer ältesten Tochter: »Pass auf, was Marja Zarewna isst.«

Auf der Weide sagte Marja Zarewna: »Komm, Schwesterchen, ich will dein Köpfchen absuchen.« Sie suchte und sang dazu:

»Schlafe, schlafe, Schwesterlein,
Schlafe, schlafe, Herzelein,
Schlafet, schlafet, Äugelein,
Eines um das andere ein.«

Das Schwesterchen schlief ein und Marja Zarewna stand auf, ging zu ihrer braunen Kuh, verneigte sich vor ihrem rechten Fuß, aß und trank und ging den ganzen Tag wie ein Fräulein geschmückt einher.

Abends weckte sie ihre Schwester: »Steh auf, Schwesterchen, steh auf, Liebste, gehen wir nach Hause.«

»Ach ja«, jammerte die Schwester, »ich schlief den ganzen Tag und habe nichts gesehen, da wird meine Mutter zanken.«

Zu Hause fragte die Stiefmutter: »Was trank, was aß Marja Zarewna?«

»Ich habe nichts gesehen.«

Die Hexe zankte und schickte am nächsten Morgen die dreiäugige Tochter mit. »Geh mit«, sagte sie, »und sieh, was sie isst und trinkt.«

Die Mädchen kamen auf die Weide und Marja Zarewna sagte: »Komm, Schwesterchen, ich suche dir dein Köpfchen ab.«

»Suche, Schwesterchen, suche.«

Marja suchte und sang:

»Schlafe, schlafe, Schwesterlein,
Schlafe, schlafe, Herzelein,
Schlafet, schlafet, Äugelein,
Eines um das andere ein.«

Das dritte Auge vergaß sie und das schaute und schaute aus nach dem, was Marja Zarewna tat. Die lief zur Kuh, verneigte sich vor dem rechten Bein, aß und trank und schmückte sich bis zum Abend, dann weckte sie die Schwester: »Steh auf, steh auf, mein Liebling, gehen wir nach Hause.« Zu Hause legte sie die trockene Brotrinde auf den Tisch.

Die Mutter fragte ihre Tochter: »Was aß, was trank sie?«

Drei-Äuglein erzählte alles.

Da befahl die Hexe: »Alter, schlachte die braune Kuh!«

Der Alte tat es und Marja Zarewna bat ihn: »Ach, liebstes Väterchen, gib mir wenigstens ein Stückchen Darm von meiner Kuh!«

Der Alte gab ihr ein Stückchen und sie pflanzte es ein. Da wuchs ein Strauch daraus mit süßen Beeren daran, kleine Vöglein saßen darauf, die sangen Lieder für Könige und Bauern.

Iwan Zarewitsch hörte von Marja Zarewna, ging zu ihrer Stiefmutter, stellte eine Schüssel auf den Tisch und sagte: »Welches von den Mädchen mir die Schüssel voller Beeren bringt, die nehme ich zur Frau.«

Die Hexe schickte ihre älteste Tochter um die Beeren, die Vögelchen ließen sie aber gar nicht in die Nähe des Strauches, sondern drohten, ihr die Augen auszupicken; der zweiten Tochter ging es geradeso. Endlich ließ die Alte Marja Zarewna hingehen.

Marja Zarewna nahm die Schüssel und ging Beeren sammeln. Sie pflückte und die kleinen Vögelchen halfen ihr dabei. Zu Hause stellte sie die Schüssel auf den Tisch und ließ dem Zarewitsch einen schönen Gruß sagen.

Iwan Zarewitsch nahm Marja Zarewna zur Frau, sie feierten fröhliche Hochzeit und lebten froh und vergnügt. Über kurz oder lang bekam Marja Zarewna einen Sohn. Den wollte sie ihrem Vater zeigen und fuhr mit ihrem Mann zu ihm auf Besuch. Aber da verwandelte die Stiefmutter sie in eine Gans und schmückte ihre älteste Tochter, als wäre sie Iwan Zarewitschs Frau. Iwan Zarewitsch kehrte nach Hause zurück.

Der alte Kinderwärter stand früh am Morgen auf, wusch sich schön sauber, nahm das Kindchen auf den Arm und ging ins Feld zu dem Strauch. Da flogen graue Gänse vorüber. »Gänse, Gänse, ihr grauen, wo ist des Kleinen Mutter zu schauen?«

»In der nächsten Schar!«

Da kam die nächste Schar geflogen. »Gänse, Gänse, ihr grauen, wo ist des Kleinen Mutter zu schauen?«

Da ließ sich des Kleinen Mutter zur Erde nieder, warf ab ihr Gefieder, reichte dem Kleinen die Brust und weinte dabei: »Heute komme ich und morgen, aber übermorgen fliege ich fort über die Wälder, über die Berge.«

Der Alte ging nach Hause und das Bürschlein schlief bis zum andern Morgen, ohne zu erwachen. Die falsche Frau zankte, dass er das Kind auf das Feld trage, wo es kalt sei.

Am Morgen stand der Alte wieder sehr früh auf, wusch sich ganz sauber und trug das Kind auf das Feld. Iwan Zarewitsch schlich ungesehen hinterdrein und verbarg sich in dem Busch. Da flogen graue Gänse vorüber. »Gänse, Gänse, ihr grauen, wo ist des Kleinen Mutter zu schauen?«, fragte der Alte.

»In der nächsten Schar.«

Da kam die nächste Schar geflogen. »Gänse, Gänse, ihr grauen, wo ist des Kleinen Mutter zu schauen?«

Da ließ sich des Kleinen Mutter zur Erde nieder, warf ab ihr Gefieder, reichte dem Kleinen die Brust und nahm Abschied von ihm. »Morgen fliege ich durch den dunklen Wald über die hohen Berge.« Dann gab sie dem Alten den Kleinen zurück. »Was riecht da?«, fragte sie und wollte ihr Gefieder wieder anziehen, konnte es aber nirgends finden.

Iwan Zarewitsch hatte es verbrannt. Er ergriff Marja Zarewna, doch sie verwandelte sich erst in einen Frosch, dann in eine Eidechse und allerhand Ungeziefer, aber zuallerletzt in eine Spindel. Iwan Zarewitsch nahm diese und brach sie in zwei Teile, warf das stumpfe Ende hinter sich und das spitze voraus, da stand vor ihm seine schöne junge Frau. Sie gingen zusammen nach Hause.

Die Tochter der Hexe schrie: »Die Zerstörerin, die Verderberin kommt.«

Aber Iwan Zarewitsch versammelte Fürsten und Bojaren und fragte sie: »Mit welcher Frau soll ich leben?«

Da sagten sie: »Mit der ersten.«

»Ihr Herren, welche Frau schneller auf das Tor hinaufspringt, die soll bei mir bleiben«, sagte Iwan Zarewitsch.

Gleich kletterte die Tochter der Hexe hinauf, Marja Zarewna konnte das aber nicht. Da nahm Iwan Zarewitsch seine Flinte und erschoss die untergeschobene Frau. Mit Marja Zarewna lebte er wieder froh und vergnügt wie zuvor.

Die Geschichte von Wassilissa
mit dem Goldzopf und Iwan aus der Erbse

Es lebte einmal der Zar Swjetosar, der hatte zwei Söhne und eine wunderschöne Tochter. Zwanzig Jahre lebte sie in einem herrlichen Turm, liebevoll bewacht vom Zaren und der Zariza, von Ammen und Kammermädchen. Keiner der Fürsten und Ritter hatte je ihr Gesicht gesehen.

Die schöne Zarewna hieß Wassilissa mit dem Goldzopf. Sie verließ niemals ihren Turm, ging nie ins Freie Atem schöpfen. Sie hatte viele Prachtgewänder und Edelsteine, aber – sie langweilte sich. Schwermut bedrückte ihr Herz. Ihr Haar war dicht und wie Seide und Gold. Frei hing es herab bis zu ihren Fersen. Man nannte sie auch Wassilissa mit dem Goldzopf, die unvergleichlich Schöne. Das Gerücht ihrer Schönheit war weit verbreitet und aus vielen Ländern sandten Zaren Boten an ihren Vater mit der Bitte um ihre Hand.

Der Zar Swjetosar aber übereilte sich nicht, erst als er die Zeit für gekommen hielt, sandte er in alle Länder, dass die Zarewna sich einen Gemahl aussuchen würde, und bat Zaren und Zarewitsche herbeizureisen. Er bewirtete sie und dann ging er in den hohen Turm, um die wunderschöne Wassilissa vorzubereiten.

Die Zarewna freute sich von Herzen. Sie sah aus dem goldvergitterten Fensterchen herab auf den grünen Garten, auf die bunten Wiesen und wollte so gerne spazieren gehen – mit anderen Mädchen spielen!

»Großmächtiges Väterchen, ich sah noch niemals Gottes Welt, ich lief noch nie über Wiesen und Feld, deinen herrlichen Hof hab ich nie gesehen, lass mich mit Zofe und Amme spazieren gehen!«

Der Zar erlaubte es und Wassilissa ging von dem hohen Turm in den weiten Hof hinab. Die hölzernen Tore sprangen auf und sie stand auf der grünen Wiese vor den steilen Bergen. Herrliche Bäume bedeckten die Berge, vielerlei Blumen wuchsen auf den Wiesen. Die Zarewna pflückte blaue Blüten und dabei entfernte sie sich ein wenig von ihren Begleiterinnen. Ein junges Herz kennt keine Vorsicht. Ihr Gesicht trug sie frei, ohne Schutz war ihre Schönheit.

Da brach ein Sturm los, wie ihn die ältesten Leute noch nicht erlebt hatten. Man hatte nie von so etwas gehört. Alles zerbrach und wurde umhergewirbelt, und auf einmal ergriff der Sturm Wassilissa und trug sie durch die Luft davon. Über Länder und Reiche, über Flüsse und Teiche – bis zum grausamen Drachen.

Die Dienerinnen weinten und schrien, endlich liefen sie in den Palast zurück und warfen sich dem Zaren unter Tränen zu Füßen. »Wir sind unschuldig an dem Unglück, du selbst trägst die Schuld, sage nur ein Wort, dass du uns nicht töten lassen willst. Der Wirbelwind entführte unsere Sonne, Wassilissa, die Schönheit mit dem Goldzopf, wir wissen nicht, wohin.« Sie erzählten, wie alles geschehen war. Wohl war der Zar da tieftraurig und zürnte, aber trotzdem begnadigte er die Armen.

Am nächsten Morgen erschienen Fürsten und Königssöhne im Zarenpalast, und als sie die Trauer sahen, fragten sie nach deren Ursache.

»O Jammer!«, sagte der Zar. »Der Sturm entführte mein Kind, Wassilissa mit dem Zopf wie Gold. Ich weiß nicht, wohin!« Er erzählte, wie alles geschehen war.

Da erhob sich ein Gemurmel unter den Gästen, Fürsten und Prinzen dachten und besprachen, ob der Zar nicht nur eine Ausrede gebrauche, damit er seine Tochter nicht hergeben müsse. Sie stürzten in den Turm der Zarewna, doch sie fanden sie nicht. Der Zar beschenkte alle aus seinem Schatz, sie stiegen zu Pferd und er gab ihnen ehrenvolles Geleit, so zogen sie wieder in ihre Länder zurück.

Die zwei jungen Zarewitsche, die mutigen Brüder Wassilissas mit dem goldenen Zopf, sahen die Tränen von Vater und Mutter und baten: »Entlasst uns, großmächtiger Vater, segnet uns, gnädige Mutter, wir wollen Eure Tochter, unsere Schwester, suchen.«

»Meine lieben Söhne, meine Herzenskinder!«, sagte der Zar. »Wohin wollt ihr ziehen?«

»Väterchen, wir reiten – nach allen Seiten. Wo Wege liegen und Vögel stiegen, wo Augen hinsehen, wollen wir suchen gehen.«

Der Zar segnete sie, die Mutter rüstete sie aus, sie weinten und zogen von hinnen.

Die beiden Zarewitsche ritten über Berg und Tal allzumal, war es weit oder nah, währte es kurz oder lang, sie wussten es beide nicht. Sie ritten ein Jahr ums andere und kamen durch drei Reiche, endlich schimmerten ferne Berge, dazwischen sandige Steppen, das war des grausamen Drachen Land. Die Zarewitsche fragten alle Wanderer, ob sie etwas wüssten von Wassilissa mit dem goldenen Zopf.

Die Wanderer erwiderten: »Wir haben sie nie gesehen und wissen nicht, wo sie ist«, und gingen weiter.

Die Zarewitsche kamen zu einer großen Stadt, an deren Tor stand ein gebrechlicher Greis, er war krumm und lahm, mit Krücke und Ranzen, der bat sie um ein Almosen. Die Brüder gaben ihm Silbergeld und fragten nach ihrer Schwester.

»Ach, Freundchen, man merkt, dass ihr fremd hier seid. Unser Gebieter, der grausame Drache, hat aufs Strengste verboten, mit Fremden zu reden, er hat bei Strafe untersagt, davon zu erzählen, wie der Wirbelwind die schöne Zarewna bei der Stadt vorbeitrug.«

Da ahnten die Brüder, dass ihre Schwester nahe sei. Sie trieben ihre feurigen Pferde an und ritten zum Schloss. Das Schloss war aus Gold und stand auf einer silbernen

Säule. Das Schirmdach war aus Edelsteinen, die Stiegen waren aus Perlmutter und gingen wie Flügel auseinander.

Wassilissa die Prächtige sah gerade traurig aus dem kleinen vergitterten Fensterchen. Plötzlich schrie sie laut vor Freude, sie hatte von Weitem ihre Brüder erblickt und das Herz sagte ihr, dass sie es wären. Heimlich sandte sie ihnen jemand entgegen und ließ sie in den Palast führen. Der Drache war gerade nicht zu Hause. Wassilissa die Schöne sorgte und bangte aber, dass er die Brüder erblicken könnte. Kaum waren sie eingetreten, da stöhnte die Silbersäule, gingen die Stiegen auseinander, glänzten alle Edelsteine, drehte und bewegte sich das ganze Schloss. Die Zarewna erschrak und sagte ihren Brüdern: »Der Drache kommt geflogen! Der Drache kommt geflogen! Darum schwankt der Palast! Verbergt euch Brüder!«

Kaum hatte sie es gesagt, so flog der grausame Drache herbei und schrie mit lauter, kühner Stimme: »Wer ist da?«

»Wir, grausamer Drache!«, antworteten die Prinzen unverzagt. »Wir kommen aus der Heimat und suchen unsere Schwester!«

»Ach, ihr seid es, wackre Jungen!«, rief der Drache und schlug mit den Flügeln. »Euch habe ich rasch bezwungen. Die Schwester habt ihr zwar gefunden, ihr seid ihre Brüder und auch Helden, aber doch nur kleine.«

Der Drache ergriff je einen Zarewitsch mit seinen Flügeln und schlug sie miteinander tot.

Dann pfiff und schrie er, da lief die Schlosswache herbei, ergriff die toten Zarewitsche und warf sie in einen tiefen Graben.

Wassilissa weinte bittere Tränen. Sie wollte drei Tage lang keine Nahrung zu sich nehmen und verbarg sich scheu vor dem Himmelslicht mit ihrem Gram. So

vergingen drei Tage, da regte sich ihr junges Blut und sie beschloss weiterzuleben, ihrer Schönheit wegen. Sie sann nun, wie sie sich alleine von dem Drachen befreien könnte, und versuchte es mit Schmeichelei. »Grausamer Drache, groß ist deine Kraft, gewaltig dein Flug, ist für dich wirklich kein Gegner stark genug?«

»Noch lebt keiner! Aber bei meiner Geburt wurde mir geweissagt, mein Gegner heiße Iwan-Erbse«, sagte der Drache voll Spott, denn er glaubte nicht an diesen Gegner. Er baute auf seine Kraft und hielt die Wahrheit für Scherz.

Die Mutter der schönen Wassilissa trauerte, dass keine Nachricht von ihren Kindern komme, dass außer der Zarewna auch die Söhne verschollen wären. Einst ging sie mit den Bojarinnen im Garten spazieren. Der Tag war heiß und sie wollte trinken. In dem Garten brach aus dem Abhang eines Hügels ein Strahl Quellwasser hervor, den fing eine weiße Marmormulde auf. Sie schöpfte mit einer goldenen Kelle das tränenhelle reine Wasser und trank hastig, dabei schluckte sie plötzlich eine Erbse. Die Erbse quoll und der Zariza wurde es schwer zumute. Die Erbse wuchs und wuchs und die Zariza trug schwer an ihr.

Nach einiger Zeit bekam sie einen Sohn. Er erhielt den Namen Iwan aus der Erbse und wuchs, nicht nach Jahren – nein, nach Stunden, glatt und rundlich.

Er blickte umher und lachte, hüpfte und sprang, lief über den Sand, war so voll Kraft, dass er mit zehn Jahren als ganzer Ritter dastand. Er fragte den Zaren und die Zariza, ob er noch viele Geschwister gehabt habe, und erfuhr, dass seine Schwester der Sturmwind davongetragen hatte, niemand wusste, wohin, dass zwei Brüder ausgezogen waren, die Schwester zu suchen, und ohne Nachricht verschollen waren. »Väterchen, Mütterchen! Lasst mich ziehen, Brüder und Schwester zu suchen, gebt mir Euern Segen.«

»Aber Kind«, riefen Vater und Mutter

wie aus einem Munde, »du bist noch so jung und grün; deine Brüder zogen aus und kamen um, dir wird es nicht besser gehen!«

»Oh, mir geschieht nichts!«, sagte Iwan aus der Erbse. »Und ich will Brüder und Schwester suchen.«

Vater und Mutter versuchten, ihren lieben Sohn zum Bleiben zu überreden, er bat aber so inständig und weinte, dass sie ihn für die Reise ausrüsteten und unter Tränen ziehen ließen.

Iwan aus der Erbse war nun frei, in die weite Welt zu reiten. Er ritt einen Tag um den andern und kam nachts in einen finstern Wald. Im Wald stand eine Hütte auf Hühnerfüßen, die schwankte im Wind und drehte sich geschwind. Nach alter Sitte sprach Iwan die Bitte: »Hüttchen, Hüttchen, sieh mir ins Angesicht und kehr dem Wald den Rücken.«

Dann blies er auf die Hütte, die drehte sich um und aus dem Fensterchen sah eine grauhaarige Alte: »Wen hat Gott herbeigeführt?«

Iwan verneigte sich und fragte rasch: »Mütterchen, sahst du des Wirbelwinds Flug und weißt du, wohin er die Zarewna trug?«

»Ach, ach, Rittersmann!«, begann jetzt die Alte zu jammern. »Auch mich entführte der Wirbelwind vor hundertzwanzig Jahren. Seither sitz ich im Hüttchen hier und wage mich nicht vor die Tür. Von Zeit zu Zeit fliegt er hierher und quält mich schwer. Es ist kein Sturm, sondern der grausame Drache!«

»Wie kann man zu ihm gelangen?«, fragte Iwan.

»Was willst du dort, mein Schatz? Er wird dich verschlingen.«

»Ei, das wird ihm nicht gelingen.«

»Ach, lieber Held, wenn dein Kopf nicht fällt, gib nur dein Ritterwort, nimm aus des Drachen Hort verjüngenden Trank,

und kehrst du hier vorbei, so mach mich wieder jung und frei«, sagte sie und wackelte aufgeregt mit den Lippen.

»Mütterchen, ich bring es dir, mein Wort dafür.«

»Gern glaub ich's dir. Geh immer geradeaus, folge der Sonne Lauf, übers Jahr kommst du zum Fuchsberg. Dort frage nach dem weitern Weg.«

»Ich danke, Mütterchen.«

»Kein Anlass, Väterchen.«

Iwan folgte der Sonne Lauf tagein, tagaus. Schnell erzählt man, langsam erlebt man. Er zog durch drei Reiche, ehe er in des Drachen Land kam. Vor den Toren der Stadt sah er einen Bettler, einen lahmen, blinden Alten mit einer Krücke. Er gab ihm ein Almosen und fragte, ob nicht hier seit manchem Jahr Zarewna Wassilissa gefangen sei.

»Ja, aber es ist verboten, es zu sagen.«

Da merkte Iwan, dass seine Schwester nahe sei, und der kühne Bursche ritt fröhlich auf den Palast zu. Wassilissa schaute mittlerweile zum Fenster hinaus nach dem grausamen Drachen aus und erspähte den jungen Rittersmann. Gern hätte sie gewusst, woher er kam; heimlich sandte sie ihm einen Boten, der sollte erfahren, aus welchem Land, von welchem Stamm er sei, und ob ihn Vater und Mutter geschickt hätten. Als sie hörte, dass er ihr jüngster Bruder war (die Zarewna kannte ihn ja nicht von Angesicht), lief sie ihm entgegen und begrüßte ihn mit Tränen. »Lauf weg, lauf weg, Brüderchen! Gleich kommt der Drache nach Haus und erschlägt auch dich.«

»So etwas solltest du nicht sagen, Schwesterchen, und ich nicht hören. Ich fürchte die Kraft des Drachen nicht.«

»Bist du vielleicht aus der Erbse?«, fragte Wassilissa mit dem Goldzopf. »Dann könntest du mit ihm fertig werden!«

»Liebes Schwesterchen, warte nur, gib mir zuerst zu trinken; ich ging durch die heiße Sonne, bin müde von der Reise und habe Durst.«

»Was willst du trinken, Brüderchen?«

»Einen Eimer voll süßen Honig, liebes Schwesterchen.«

Wassilissa mit dem Goldzopf ließ ihm einen Eimer Honig bringen, er trank ihn auf einen Zug aus und bat um einen zweiten. Die Zarewna gab sogleich den Befehl, noch einen zu holen, und staunte sehr. »Bruder, ich kannte dich nicht, aber ich glaube jetzt, dass du Iwan aus der Erbse bist.«

»Bringe mir einen Stuhl, damit ich ein wenig von der Reise ausruhen kann.«

Wassilissa ließ einen kräftigen Stuhl herbeibringen, aber er zerbrach unter ihm. Da brachte man einen andern Stuhl, der war ganz mit Eisen beschlagen, aber auch dieser krachte und bog sich unter ihm.

»Ach, Bruder, das war des Drachen Sitz!«

»Ei, da bin ich ja schwerer als er!«, sagte Iwan aus der Erbse, lachte und ging in die Schmiede. Dort bestellte er bei dem alten, weisen Hofschmied einen Wanderstab, fünfhundert Pud schwer. Die Schmiede gingen sogleich an die Arbeit und schmiedeten das Eisen. Tag und Nacht donnerten die Hämmer, dass die Funken flogen. In vierzig Stunden war der Stab fertig. Fünfzig Menschen schleppten ihn mühsam herbei. Iwan nahm ihn mit einer Hand und warf ihn in die Höhe. Der Stab flog mit Donnergetöse über die Wolken hin, außer Sicht – alles Volk lief aus Angst davon, denn wenn er niederfiel, schlug er wohl alle Mauern ein oder zerschmetterte die Menschen; fiel er aber in das Meer, so spritzte das wohl so hoch auf, dass die Stadt überschwemmt wurde. Iwan ging ruhig in den Palast zurück, befahl nur, dass man ihm melde, wenn der Stab wiederkäme. Das Volk verlief sich und schaute aus Türen und

Fenstern, ob der Stab geflogen käme. Sie warteten eine Stunde und noch eine – erst in der dritten kamen sie zitternd gelaufen und berichteten, der Stab käme geflogen. Erbse sprang auf den Platz hinaus und fing den Stab im Flug mit einer Hand auf. Er beugte sich nicht, aber der Stab in seiner Faust wurde krumm. Iwan bog ihn über dem Knie wieder zurecht und ging in den Palast.

Plötzlich erhob sich ein schreckliches Pfeifen, der grausame Drache ritt daher. Sein Pferd war der Sturm, es flog wie ein Pfeil und Flammen schlugen aus seinen Nüstern. Der Drache hatte die Gestalt eines Ritters, nur einen Drachenkopf. Wenn er sonst geflogen kam, so begann schon bei einer Entfernung von zehn Werst, der Hof zu schwanken und sich zu drehen, heute aber blieb er ruhig und rührte sich nicht. Offenbar war jemand dort zu Gast! Der Drache stutzte, pfiff und schrie, das Sturmpferd schüttelte die schwarze Mähne, schlug mit den großen Flügeln, wieherte und lärmte. Der Drache flog zum Palast, aber der rührte sich nicht: »Oho!«, brüllte der Drache. »Mein Gegner ist gekommen, Erbse, bist du mein Gast?«

Rasch erschien der Held.

»Ich setze dich auf eine Hand, schlage mit der zweiten auf dich nieder und deine Knochen findet niemand wieder.«

»Das werden wir noch sehen«, sagte Iwan aus der Erbse und kam ihm mit dem Stab entgegen.

Der Drache sagte dem Sturm: »Geh fort, blas Iwan aus der Erbse nicht um!«

»Steige ab, grausamer Drache!«, sagte Iwan und hob den Stab.

Der Drache wollte Iwan auf die Lanze spießen, stieß aber daneben, und ohne zu straucheln, sprang Iwan zur Seite.

»Jetzt schlage ich«, rief er dröhnend und schleuderte den Stab gegen den Drachen, dass er in kleine Stücke zerrissen wurde; die Keule flog noch durch drei Reiche weiter.

Das Volk warf die Mützen in die Höhe und rief Iwan zu ihrem Zaren aus. Iwan wies aber auf den weisen Schmied und zum Lohn dafür, dass er ihm die Keule so rasch fertiggestellt hatte, sagte er dem versammelten Volk: »Hier ist euer Haupt, gehorcht ihm zum Guten, wie ihr dem grausamen Drachen früher zum Bösen gehorcht habt.«

Iwan verschaffte sich belebendes Wasser und spritzte damit seine Brüder an, die Jünglinge standen auf und sagten: »Wir schliefen lange, weiß Gott, was inzwischen geschah!«

»Ohne mich hättet ihr für immer geschlafen«, sagte Iwan aus der Erbse und drückte sie an sein stürmisches Herz. Dann holte er noch Drachenwasser, belud ein Schiff mit Schätzen und zog auf dem Branntweinfluss mit Wassilissa mit dem goldenen Zopf nach Haus, durch drei Reiche, bis in sein Land. Er vergaß auch nicht die Alte in der Hütte und brachte ihr das Drachenwasser. Sie wusch sich und wurde jung. Sie sang und tanzte, lief hinter Iwan drein und begleitete ihn heim.

Vater und Mutter begrüßten Iwan voll Freude und Ehren und sandten Boten in aller Herren Länder, dass Wassilissa mit dem goldenen Haar wieder zurückgekommen sei. In der Stadt war ein ohrenzerreißender Lärm. Die Trompeten klangen, die Flinten knallten, die Glocken sangen. Wassilissa bekam einen Mann und die Zarewitsche Bräute. Vier Kränze wurden bestellt. Zwei Hochzeiten gehalten. Lustig ging es her, Speisen in Bergen, Honig in Strömen. Großväterchens Großväter waren dabei, tranken Honig und Bier, das floss bis zu uns, floss uns über den Bart, doch kam nichts in den Mund. Sicher ist, dass Iwan nach dem Tod seines Vaters sich die Zarenkrone aufsetzte. Er regierte ruhmvoll und viele Geschlechter feierten noch den Namen von Zar Erbse.

Die beiden Brüder

Zwei Brüder gingen auf Wanderschaft. Gegen Mittag legten sie sich zur Rast im Walde nieder. Als sie erwachten, sahen sie neben sich einen Stein liegen, auf dem etwas geschrieben stand. Sie entzifferten die Inschrift und lasen: »Wenn du diesen Stein findest, gehe geradeaus in den Wald gen Sonnenaufgang. Im Walde wirst du auf einen Fluss stoßen, durch den du zum anderen Ufer schwimmen sollst. Dort erblickst du eine Bärin mit ihren Jungen. Nimm der Bärin die Jungen fort und eile unverzüglich geradenwegs den Berg hinauf. Auf dem Berge siehst du ein Haus und in diesem Hause findest du das Glück.«

Als die Brüder die Inschrift gelesen hatten, sagte der jüngere: »Lass uns zusammen gehen. Vielleicht gelingt es uns, den Fluss zu durchschwimmen, die Bärenjungen bis zu dem Hause zu bringen und das Glück zu finden.«

Da sagte der ältere: »Ich gehe nicht in den Wald zu den Bärenjungen und rate auch dir ab. Erstens: Niemand weiß, ob die Inschrift auf dem Stein die Wahrheit sagt; vielleicht ist alles zum Scherz hingeschrieben, ja, vielleicht haben wir es auch nicht richtig entziffert. Zweitens: Mag es auch wahr sein, was dort geschrieben steht, aber gehen wir in den Wald und überkommt uns die Nacht, dann gelangen wir nicht an den Fluss, sondern verirren uns. Aber wenn wir auch den Fluss finden, wie durchschwimmen wir ihn? Vielleicht ist er schnell und breit? Drittens: Wenn wir auch den Fluss durchschwimmen – ist es etwa leicht, einer Bärin die Jungen wegzunehmen? Sie wird uns zerreißen, und statt das Glück zu finden, gehen wir nutzlos zugrunde. Viertens: Wenn es uns auch glücken sollte, die jungen Bären fortzutragen, so gelangen wir doch nicht auf den Berg, ohne unterwegs zu rasten. Und die Hauptsache: Es ist nicht gesagt, welches Glück wir in diesem Hause finden werden. Vielleicht harrt unser dort ein Glück, das wir überhaupt nicht benötigen.«

Doch der Jüngere sagte: »Ich sehe die Sache anders an. Umsonst hat man die Inschrift auf dem Stein nicht angebracht. Alles, was dort geschrieben steht, ist ganz klar. Erstens kommen wir nicht in Not, auch wenn wir den Versuch wagen. Zweitens: Wenn wir uns nicht auf den Weg begeben, wird ein anderer die Schrift auf dem Stein lesen und das Glück finden, wir aber gehen leer aus. Drittens: Ohne Mühe und Arbeit gibt es keine Freude auf Erden. Viertens: Ich will nicht, dass jemand meint, ich hätte Angst.«

Da sagte der Ältere: »Auch im Sprichwort heißt es: ›Wer das große Glück sucht, verliert das kleine‹, und: ›Eine Meise in der Hand ist besser als ein Kranich in der Luft‹.«

Der Jüngere sagte: »Und ich habe mir sagen lassen: ›Geh nicht in den Wald, wenn du Furcht vor Wölfen hast‹, und: ›Unter einem liegenden Stein fließt kein Wasser‹. Ich bin der Meinung: Man muss gehen.«

Der Jüngere zog los, der Ältere blieb da.

Sowie der jüngere Bruder in den Wald kam, stieß er auf den Fluss; er schwamm hinüber und am Ufer erblickte er die Bärin. Sie schlief. Er packte die Jungen und lief, ohne zu rasten, auf den Berg. Sowie er den Berg erklommen hatte, kam ihm das Volk entgegen, fuhr eine Kutsche vor, brachte man ihn in die Stadt und machte ihn zum Zaren.

Er regierte fünf Jahre lang. Im sechsten überzog ihn ein anderer, stärkerer Zar mit Krieg, eroberte die Stadt und verjagte ihn. Da ging der jüngere Bruder wieder auf Wanderschaft und gelangte zu dem älteren Bruder.

Der ältere Bruder lebte in einem Dorf; er war weder reich noch arm. Die Brüder freuten sich über das Wiedersehen und erzählten von ihrem Leben.

Der ältere Bruder sagte: »Siehst du, ich hatte recht. Ich habe die ganze Zeit still und gut gelebt und du bist zwar ein Zar gewesen, hast aber auch viel Leid erfahren.«

Da erwiderte der jüngere: »Ich bedaure nicht, damals durch den Wald auf den Berg gegangen zu sein. Wenn es mir jetzt auch schlecht ergeht, dafür habe ich etwas im Leben gehabt, dessen ich gedenken kann, und du hast nichts, das der Erinnerung wert ist.«

Leo Tolstoi

Das Federchen vom hellen Falken Finist

Es lebten einmal ein alter Mann und eine alte Frau, die hatten drei Töchter. Die jüngste war so schön, dass man es weder im Märchen erzählen noch mit der Feder beschreiben kann. Einmal wollte der Alte in die Stadt auf den Jahrmarkt fahren und sprach: »Meine lieben Töchter, sagt mir, was braucht ihr? Ich kaufe euch alles auf dem Jahrmarkt.«

Die älteste bat: »Väterchen, kauf mir ein neues Kleid.«

Die zweite bat: »Väterchen, bitte kauf mir ein Umhängtuch.«

Die jüngste sagte: »Kauf mir ein rotes Blümelein.«

Der Alte lachte über seine jüngste Tochter und sprach: »Du dummes Kind, was machst du mit dem roten Blümchen? Was kann es dir nützen? Ich kaufe dir lieber schöne Kleider!«

Was er auch sagte, er konnte es ihr nicht ausreden, sie wollte nur ganz allein das rote Blümelein.

Der Alte fuhr auf den Jahrmarkt, kaufte der einen das Kleid, der zweiten das Tuch, aber das rote Blümelein konnte er in der ganzen Stadt nicht finden. Gerade als er heimkehren wollte, begegnete ihm ein fremdes altes Männchen, das trug ein rotes Blümchen in der Hand.

»Alterchen, verkauf mir die Blume!«

»Die Blume ist nicht käuflich, es ist eine Zauberblume und du musst geloben, dass

deine jüngste Tochter meinen Sohn, den hellen Falken Finist, heiratet; dann bekommst du sie umsonst.«

Der Alte überlegte: »Nehme ich das Blümlein nicht, so wird meine Tochter traurig sein. Nehme ich es, so muss sie gar Gott weiß wen heiraten!«

Er sann und sann und nahm endlich das Blümchen doch. »Was für ein Unglück ist dabei«, dachte er, »wenn der Freier später kommt und schlecht ist, kann man noch immer Nein sagen.«

Zu Hause gab der Vater der ältesten Tochter das Kleid, der zweiten das Tuch und der jüngsten das Blümchen und sprach: »Nicht lieb ist mir das Blümelein, gar nicht lieb«, dann flüsterte er ihr ins Ohr: »Es ist ein Zauberblümchen, es war nicht käuflich zu bekommen. Ich erhielt es von einem fremden alten Männchen unter der Bedingung, dich seinem Sohn, dem hellen Falken Finist, zur Frau zu geben.«

»Sei nicht traurig, Väterchen«, antwortete die Tochter, »er ist so gut und freundlich, als heller Falke fliegt er durch die Luft, und kaum berührt er die feuchte Erde, so wird ein kühner Jüngling aus ihm.«

»Ja kennst du ihn am Ende schon?«

»Ich kenne ihn schon, Väterchen; am vergangenen Sonntag war er in der Messe, sah mich immer an. Ich sprach auch mit ihm. Er liebt mich, Väterchen.«

Der Alte schüttelte seinen Kopf, sah seine Tochter durchdringend an, machte das Kreuz über sie und sprach: »Geh in dein Kämmerchen, mein liebes Töchterchen. Es ist Schlafenszeit. Der Morgen ist klüger als der Abend, da werden wir überlegen.«

Das Mädchen sperrte sich in ihrem Kämmerchen ein, setzte das Blümelein ins Wasser, öffnete das Fenster und blickte in die blaue Ferne. Sie sah nicht von woher, aber plötzlich erschien der helle Falke Finist mit dem bunten Gefieder, er flatterte durch das Fensterlein, schlug auf den Fußboden auf und wurde ein Jüngling.

Das Mädchen erschrak; als er aber mit ihr zu sprechen begann, da wurde ihr unsagbar wohl und fröhlich ums Herz. Bis zum Morgen sprachen sie zusammen, ich weiß nicht, was, ich weiß nur, dass Finist, der helle Falke mit dem bunten Gefieder, sie küsste, als es hell wurde, und sprach: »Jede Nacht, wenn du das rote Blümelein stellst in dein Fensterlein, flieg ich zu dir herein, du Liebste mein! Hier hast du ein Federchen aus meinem Flügel. Brauchst du was immer für Putz, so geh vors Haus hinaus und schwenk das Federchen nach rechts, dann erscheint gleich alles, was dein Herz begehrt.«

Er küsste sie noch einmal, verwandelte sich in einen hellen Falken und flog fort in den dunklen Wald. Das Mädchen sah ihrem Erwählten nach, schloss das Fenster und legte sich schlafen.

Seit jener Nacht stellte sie jeden Abend das rote Blümelein ins offene Fenster und der wackere Jüngling, Finist der helle Falke, kam geflogen.

So wurde es Sonntag. Die älteren Schwestern schmückten sich zum Kirchgang und sagten zu der jüngsten: »Welches Kleid wirst du anziehen? Du hast ja nichts Neues.«

»Das macht nichts, ich bete zu Hause«, gab die jüngste zur Antwort.

Die Schwestern gingen zur Kirche, während die Jüngste in ihrem schmutzigen Kleid am Fenster saß und zusah, wie das rechtgläubige Volk in Gottes Kirche zog. Sie wartete eine Weile, trat dann vors Haus und winkte mit der bunten Feder nach rechts.

Da erschien plötzlich ein kristallner Wagen vor ihr, mit Pferden und Diener-

schaft und Kleidern und allerhand Schmuck aus teuren Edelsteinen. In einer Minute war das schöne Mädchen angezogen, saß im Wagen und fuhr in die Kirche. Das Volk sah nach der Schönen und staunte.

»Sicher kommt da eine Zarewna gefahren!«, sprachen die Leute untereinander.

Vor dem Schlussgesang verließ das schöne Mädchen die Kirche und fuhr wieder heim.

Als das rechtgläubige Volk herauskam und nach ihr ausschaute, da war sie lange fort, da war es zu spät und ihre Spur verweht.

Kaum heimgekehrt, winkte sie mit der Feder nach links und sofort kamen die Diener wieder, kleideten sie aus und verschwanden mit Wagen und Pferden.

Sie setzte sich ans Fenster wie vordem, als wäre nichts geschehen, als hätte sie stets nur zugesehen, wie andere Leute zur Kirche gehen.

Die Schwestern kamen heim und erzählten: »Schwesterchen, eine Schönheit war in der Kirche, einfach eine Pracht. Man könnte sie im Märchen nicht beschreiben, mit der Feder nicht schildern. Sie muss eine Zarewna aus fremdem Land gewesen sein, so üppig und prächtig war sie gekleidet.«

Am nächsten und am dritten Sonntag täuschte das schöne Mädchen das rechtgläubige Volk, ihre Schwestern und ihre Eltern wieder. Das letzte Mal vergaß sie aber, eine diamantene Nadel aus ihrem Zopf zu nehmen, und als die älteren Schwestern aus der Kirche kamen und der jüngsten von der schönen Zarewna erzählen wollten, da blitzte ihnen aus den Haaren der Schwester wie Feuer die Brillantnadel entgegen.

»Ach Schwesterchen, was hast du da?«, schrien die Mädchen. »Gerade so eine Nadel hatte heute die Zarewna in ihrem Zopf. Woher hast du sie?«

»Ach!«, rief das schöne Mädchen und lief in ihr Kämmerchen. Des Fragens, des Ratens, des Flüsterns war kein Ende, aber die Jüngste schwieg und lachte insgeheim.

Die älteren Schwestern lauerten ihr aber auf, horchten nachts an ihrer Kammertür, bis sie einmal ein Gespräch mit Finist dem hellen Falken belauschten und am Morgen mit ihren eigenen Augen sahen, wie er aus ihrem Fenster in den dunklen Wald entflog.

Schlecht waren die älteren Schwestern.

Sie beschlossen, des Abends Messer ins Fenster zu stecken, damit Finist der helle Falke seine bunten Flügelein daran verletze.

Wie gedacht, so getan. Die Jüngste ahnte nichts, stellte ihr rotes Blümelein ins Fenster, legte sich in ihr Bett und schlief fest ein.

Finist der Falke flog zum Fenster herein und zerschnitt sich das linke Füßchen. Das schöne Mädchen wusste es nicht, sie schlief so süß und ruhig. Zornig flog der Falke zum Himmel auf, fort in den dunklen Wald.

Am Morgen erwachte das schöne Kind, sah nach allen Seiten, es war schon hell und der wackere Jüngling nicht da. Wie sie an das Fenster trat, sah sie da kreuzweise gesteckt scharfe Messer und rotes Blut tropfte von ihnen auf das Blümelein herab.

Viele bittere Tränen weinte da das Mädchen und sie verbrachte viele schlaflose Nächte am Fenster ihres Kämmerleins, oftmals schwenkte sie die Feder – aber umsonst. Finist der helle Falke kam nicht geflogen und schickte seine Diener auch nicht. Mit Tränen in den Augen ging sie endlich zu ihrem Vater und bat ihn um seinen Segen.

»Geh, wohin du willst!«, sagte er.

Sie ließ drei Paar eiserne Stiefel machen, drei eiserne Wanderstäbe, drei eiserne Kappen und drei eiserne geweihte Brote. Ein Paar Schuhe zog sie an, eine Kappe stülpte sie auf, einen Stab nahm sie zur Hand und so zog sie nach jener

Seite fort, nach welcher der Falke stets entflogen war. Sie wanderte durch den dichten Wald, über Wurzeln und Bäche, über Stock und Stein, bis die eisernen Schuhe durchgetreten waren, die Mütze vertragen, das Brot verzehrt und der Stock zerbrochen, aber das schöne Mädchen wanderte noch immer weiter und weiter und der Wald wurde immer schwärzer und dichter. Plötzlich sah sie vor sich ein eisernes Hüttchen stehen, auf Hühnerfüßen, und sich drehen.

Das Mädchen sprach: »Hüttchen, Hüttchen, sieh mir ins Angesicht und kehr dem Wald den Rücken zu.«

Das Hüttchen wandte sich zu ihr, da trat sie ein und fand Baba Jaga darin, von einem Eck ins andere gestreckt, die Lippen auf dem Ofen, die Nase an der Decke.

»Pfui, pfui, früher habe ich von Russen niemals etwas gesehen, noch je von ihnen gehört und jetzt streift einer durch die weite Welt, erscheint vor meinen Augen, drängt sich mir vor die Nase. Wohin geht der Weg, schönes Mädchen? Gehst du zum Vergnügen oder aus Pflicht?«

»Mütterchen, Finist der helle Falke mit dem bunten Gefieder war bei mir. Meine Schwestern haben ihm Böses angetan. Jetzt suche ich Finist den hellen Falken.«

»Weit musst du da noch gehen, Kind, noch durch dreimal neun Lande. Finist der helle Falke mit dem bunten Gefieder wohnt im fünfzigsten Reich, in der achtzigsten Herrschaft und freit eben um eine Zarewna.«

Baba Jaga gab dem Mädchen zu essen und zu trinken, was sie gerade hatte, und brachte es zur Ruhe. Am nächsten Morgen, als der Tag kaum graute, weckte die Alte das schöne Kind, gab ihm ein kostbares Geschenk – einen goldenen Hammer und zehn brillantene Nägelein – und sagte: »Kommst du ans blaue Meer, so wird die Braut von Finist dem hellen Falken gerade am Ufer spazieren gehen. Nimm dein Hämmerlein und schlage auf die Nägelein, sobald sie dich sieht. Sie wird beides dir abkaufen wollen. Du aber, schönes Mädchen, nimm nichts dafür an, verlange nur, Finist den Falken sehen zu dürfen. Jetzt geh mit Gott zu meiner zweiten Schwester.«

Das schöne Mädchen ging wieder weiter durch den dunklen Wald, immer weiter und weiter, und der Wald wurde immer schwärzer und dichter. Die Wip-

fel reichten bis zum Himmel. Das zweite Paar Schuhe war durchgetreten, die zweite Mütze vertragen, das zweite Brot aufgezehrt, die zweite Krücke zerbrochen – da sah das Mädchen ein Hüttchen stehen, auf Hühnerfüßen, und sich drehen.

»Hüttchen, Hüttchen, sieh mir ins Angesicht und kehre dem Wald den Rücken. Ich will hinein, um Brot bitten.«

Das Hüttchen machte Halt, den Rücken zum Wald. Das Mädchen trat ein, da lag Baba Jaga von einem Eck bis zum andern, die Lippen über dem Ofen, die Nase an der Decke.

»Pfui, pfui, pfui! Ich habe bis jetzt noch nie von einem Russen etwas gesehen, etwas gehört, und jetzt streift gar ein Russe durch die weite Welt. Schönes Mädchen, wohin geht der Weg?«

»Mütterchen, ich suche Finist den Falken.«

»Der will eben heiraten, heute ist sein Polterabend«, sagte Baba Jaga. Sie gab dem Mädchen zu essen und zu trinken und legte es schlafen. Am nächsten Morgen, da es gerade hell wurde, weckte sie das Mädchen und gab ihm ein goldenes Schüsselchen und brillantene Kügelchen.

»Kommst du ans blaue Meer«, schärfte die Alte dem Mädchen ein, »dann lass die Kügelchen auf dem Schüsselchen rollen. Die Braut von Finist dem Falken wird zu dir treten, um Schüsselchen und Kügelchen dir abzukaufen. Nimm du nichts an dafür, bitte nur, Finist den hellen Falken mit dem bunten Gefieder sehen zu dürfen. Jetzt geh mit Gott zu meiner ältesten Schwester.«

Wieder ging das schöne Mädchen durch den finstern Wald, immer weiter und weiter, und der Wald wurde dunkler und dichter. Das dritte Paar Schuhe war durchgetreten, die dritte Mütze vertragen, das dritte Brot verzehrt, der dritte Stock zerbrochen, da sah sie ein eisernes Hüttchen stehen, auf Hühnerfüßen, und sich drehen.

»Hüttchen, Hüttchen, sieh mir ins Angesicht und kehr dem Wald den Rücken. Ich will hineinsteigen, um Brot bitten.«

Die Hütte drehte sich um und blieb stehen. Baba Jaga lag wieder von einem Eck zum anderen, die Lippen über dem Ofen, die Nase an der Decke.

»Pfui, pfui, pfui, früher habe ich von Russen niemals etwas gesehen und nie etwas gehört und jetzt geht einer in der weiten Welt einher. Schönes Mädchen, wohin führt der Weg?«

»Mütterchen, ich suche Finist den hellen Falken.«

»Ach, schönes Mädchen, schon hat er die Zarewna geheiratet! Da hast du mein schnelles Pferd, steig auf und reite zu ihm mit Gott.«

Das Mädchen stieg auf und ritt fort und der Wald wurde lichter, immer lichter.

Da lag plötzlich das blaue Meer vor ihr, breit und lang, und in der Ferne glühten wie Feuer die goldenen Spitzen weißsteinerner Türme.

»Das ist wohl Finist des hellen Falken Reich!«, dachte das Mädchen, setzte sich auf einen Sandhaufen und klopfte mit ihrem Hämmerchen auf die brillantnen Nägelchen. Auf einmal sah sie die Zarewna am Ufer mit ihren Ammen und Wärterinnen und treuen Dienerinnen spazieren gehen.

Bald begann die Zarewna den Hammer und die Nägel zu begehren.

»Zarewna, lass mich nur einmal Finist den hellen Falken sehen, dann will ich beides umsonst dir geben!«

»Finist der helle Falke schläft jetzt gerade und hat befohlen, niemand zu ihm zu lassen; aber gib mir nur den schönen Hammer und die Nägelein, dann will ich ihn dir zeigen.«

Sie nahm Hammer und Nägelein, lief ins Schloss, versteckte eine Zaubernadel im Kleid von Finist dem hellen Falken,

damit er fest schlafe und lange nicht erwache, dann ließ sie von ihren Dienerinnen das schöne Mädchen in das Schloss führen zu ihrem Mann, dem hellen Falken.

Sie selber ging spazieren.

Lange bemühte sich das Mädchen, lange weinte es über ihrem Liebsten und konnte ihn nicht erwecken.

Als die Zarewna genug spazieren gegangen war, kehrte sie ins Schloss zurück, jagte das schöne Mädchen fort und zog die Nadel aus dem Kleid Finists. Der helle Falke erwachte.

»Ach, wie lange habe ich geschlafen!«, sagte er. »Es war jemand hier, weinte und klagte über mir, aber ich konnte die Augen nicht aufmachen, so schwer waren sie mir!«

»Das war ein Traum«, antwortete die Zarewna. »Niemand war hier.«

Am nächsten Tag saß das Mädchen wieder am Ufer des blauen Meeres und spielte mit den brillantenen Kügelchen im goldenen Schüsselchen. Da kam die Zarewna auf ihrem Spaziergang vorbei, sah sie und bat: »Verkauf mir das!«

»Lass mich Finist den hellen Falken sehen, dann will ich es umsonst dir geben!«

Die Zarewna willigte ein und steckte wieder eine Nadel in das Gewand von Finist dem hellen Falken. Wieder weinte das schöne Mädchen bitterlich über ihrem Liebsten und konnte ihn nicht erwecken.

Am dritten Tag saß sie am Ufer des blauen Meeres so traurig und wehmütig und fütterte ihr Pferd mit glühenden Kohlen.

Die Zarewna sah, wie das Pferd Feuer fraß, und fing an, mit ihr zu unterhandeln.

»Lass mich nur Finist den hellen Falken sehen, dann will ich es umsonst dir geben!«

Die Zarewna war einverstanden, lief ins Schloss und sprach: »Finist, heller Falke, lass dir den Kopf absuchen.«

Sie machte sich an die Arbeit und steckte ihm eine Nadel zwischen die Haare; da fiel er gleich in schweren Schlaf. Jetzt sandte sie ihre Dienerinnen nach dem schönen Mädchen. Das kam, ihren Liebsten aufzuwecken, umarmte ihn und küsste ihn und weinte, weinte bitterlich, doch er wachte nicht auf. Sie strich mit ihrer Hand durch seine Haare, da fiel zufällig die Zaubernadel heraus.

Finist der helle Falke erwachte, sah das schöne Mädchen und freute sich sehr.

Sie erzählte ihm, wie alles gewesen war, von den bösen neidischen Schwestern und von ihrer Wanderschaft und dem Tauschhandel mit der Zarewna.

Da liebte er sie noch mehr als vorher, küsste sie auf den süßen Mund und ließ ohne Säumen Bojaren und Fürsten und alle Leute von Rang zusammenkommen. Er fragte sie: »Was meint ihr? Mit welcher Frau soll ich weiterleben? Mit ihr, die mich verkaufte, oder mit ihr, die mich erkaufte?«

Alle entschieden einstimmig, dass er die nehmen sollte, die ihn erkaufte, aber die, welche ihn verkauft hatte, sollte er vor dem Tor aufhängen und erschießen. So tat auch Finist der helle Falke mit dem bunten Gefieder.

Feuervogel und Zarewna Wassilissa

Über dreimal neun Landen, im dreimal zehnten Reich lebte einmal ein starker, mächtiger Zar, der hatte einen kühnen, jungen Strelitzen und der hatte ein starkes, schönes Pferd. Einmal war der Schütze der Leibwache auf die Jagd geritten, da sah er plötzlich eine goldene Feder des Feuervogels auf der Erde liegen, die leuchtete wie Feuer. Da sprach das Pferd: »Hebe die goldene Feder nicht auf, sonst nimmt das Elend seinen Lauf!«

Da schwankte der Jüngling, ob er die Feder aufheben solle oder nicht. Brachte er sie dem Zaren, war ihm reicher Lohn sicher, und wem ist Zarengunst nicht teuer? Der Strelitz gehorchte seinem Pferd nicht, sondern hob die Feder des Feuervogels auf und brachte sie dem Zaren. »Danke«, sagte der Zar, »aber wenn du eine Feder des Feuervogels erlangen konntest, verschaffe mir den ganzen Vogel, gelingt es dir nicht, so schlägt mein Schwert deinen Kopf zur Erd.« Der Strelitz weinte bittere Tränen und ging zu seinem Pferd.

»Weshalb weinst du, Herr?«

»Der Zar befahl mir, ihm den Feuervogel zu verschaffen.«

»Ich sagte dir gleich, hebe die Feder nicht auf, das Elend nimmt sonst seinen Lauf! Aber fürchte dich nicht, das ist noch kein Unglück, das Unglück kommt noch! Geh zum Zaren und bitte ihn, morgen hun-

dert Maiskörner im freien Feld verstreuen zu lassen.«

Der König gab den Befehl und es geschah. Am nächsten Tag vor Morgengrauen ritt der Strelitz auf das Feld hinaus, ließ sein Pferd frei grasen und verbarg sich hinter einem Baum. Plötzlich rauschte der Wald und das Meer bebte – der Feuervogel kam geflogen. Er senkte sich zur Erde herab und begann, den Mais aufzupicken. Da lief das Pferd herbei, trat dem Vogel auf einen Flügel und drückte ihn fest zu Boden und der Strelitz sprang hinter dem Baum hervor, fesselte den Vogel mit Stricken, bestieg sein Pferd und jagte zum Schloss.

Er brachte dem Zaren den Vogel und der war sehr erfreut, dankte dem Schützen, belohnte ihn mit einem hohen Rang und stellte ihm gleich eine andere Aufgabe. »Wenn du den Feuervogel fangen konntest, dann verschaffe mir auch eine Braut. Über dreimal neun Landen, am Ende der Welt, wo die Sonne aufgeht, lebt Zarewna Wassilissa, die will ich haben. Bringst du sie mir, belohne ich dich mit Silber und Gold, sonst schlägt mein Schwert deinen Kopf zur Erd.«

Da weinte der junge Strelitz bittere Tränen und ging zu seinem treuen Pferd. »Weshalb weinst du, Herr?«

»Der Zar befahl, dass ich ihm Zarewna Wassilissa bringe!«

»Weine nicht und sorge dich nicht, das ist das Unglück nicht, das kommt noch! Geh zum Zaren und bitte ihn um ein Zelt mit goldenem Knauf und um Speis und Trank für die Reise.«

Der Zar gab ihm Speise und Trank und ein Zelt mit goldener Spitze. Der Strelitz bestieg sein mächtiges Ross und ritt in das dreimal neunte Land. Über kurz oder lang kam er an das Ende der Welt, wo die rote Sonne aus dem blauen Meer aufsteigt. Da sah er ein silbernes Boot auf dem blauen Meer schwimmen, darin saß die Zarewna Wassilissa und ruderte mit einem goldenen Ruder. Der

Schütze ließ das Pferd auf der Wiese das frische Gras abrupfen, schlug das Zelt mit dem goldenen Knauf auf, stellte Speis und Trank bereit, setzte sich dazu und wartete auf Zarewna Wassilissa.

Wassilissa sah den goldenen Knauf, ruderte ans Ufer, stieg aus dem Boot und bestaunte das Zelt.

»Guten Tag, Wassilissa«, sagte der Strelitz, »bitte, komm und iss mit mir, koste den fremden Wein!«

Zarewna Wassilissa trank ein Glas des fremden Weines, davon wurde sie betäubt und schlief fest ein.

Der Schütze pfiff seinem treuen Pferd, das lief herbei. Der Strelitz schlug das Zelt mit dem goldenen Knauf ab, bestieg sein Pferd, nahm die schlafende Wassilissa auf seinen Arm und machte sich auf den Heimweg, wie der Pfeil aus dem Bogen schnellt.

Als der Zar Wassilissa sah, war er sehr froh, er dankte dem Strelitz für seinen treuen Dienst und belohnte ihn mit großen Schätzen und Würden.

Wassilissa erwachte, erkannte, dass sie weit, weit fort vom blauen Meer war, weinte und sehnte sich heim; davon sah sie ganz schlecht aus. Wie sehr der Zar ihr auch zusprach, es war ganz vergebens. Er wollte sie heiraten, aber sie sagte: »Derjenige, der mich vom blauen Meer hierher getragen hat, soll wieder hinreiten. Inmitten des Meeres liegt ein Stein, darunter liegt mein Hochzeitskleid, ohne das kann ich nicht heiraten.«

Gleich sagte der Zar dem jungen Schützen: »Reite rasch ans Ende der Welt, wo die rote Sonne aufgeht, dort im blauen Meer liegt ein Stein, darunter ist Wassilissas Hochzeitskleid versteckt, das verschaffe dir und bringe es mir. Die Zeit für die Hochzeit ist gekommen. Bringst du es, so lohne ich's dir mehr denn je, wenn du es aber nicht kannst, schlägt mein Schwert deinen Kopf zur Erd.«

Der Strelitz weinte bittere Tränen und ging zu seinem treuen Pferd: »Ach, ich kann dem Tod nicht entgehen.«

»Weshalb weinst du, Herr?«, fragte es.

»Der Zar befahl, dass ich aus dem Meer Wassilissas Hochzeitsgewand herbeischaffe!«

»Ich sagte dir, lasse die goldene Feder liegen, sie bringt dir Kummer. Aber fürchte dich nicht, das ist noch kein Unglück, das kommt noch. Steig auf und reite an das blaue Meer.«

Über kurz oder lang kam der Strelitz an das Ende der Welt und machte Halt am blauen Meer. Das Pferd sah einen großen Meerkrebs im Ufersand kriechen und trat ihm mit seinem Huf auf den Hals.

Da sprach der Krebs: »Töte mich nicht, lass mir das Leben, was dir not tut, will ich dir geben.«

Das Pferd antwortete: »Mitten im blauen Meer liegt ein Stein so schwer, Wassilissas Hochzeitskleider liegen darunter vergraben, die will ich haben.«

Der Krebs schrie mit gewaltiger Stimme hin über das blaue Meer, das erbebte schwer und von allen Seiten glitten Krebse herbei, große und kleine in großen Mengen. Der alte Krebs gab ihnen seinen Befehl, sie warfen sich in das Meer und in einer Stunde zogen sie unter dem Stein das Brautkleid hervor, das brachten sie ans Ufer. Der Strelitz brachte dem Zaren das Brautkleid der Zarewna dar, aber Zarewna Wassilissa war wieder störrisch.

»Ich will dich nicht eher zum Mann nehmen, ehe du dem Strelitz aufgetragen hast, in siedendem Wasser zu baden.«

Der Zar befahl, einen eisernen Kessel mit Wasser zu füllen, es zum Sieden zu bringen und sodann den Schützen hineinzuwerfen. Alles war bereit, das Wasser kochte, dass die Blasen tanzten, da führten sie den armen Schützen herbei.

»Jetzt ist das Unglück da«, dachte er. »Ach, weshalb hob ich die goldene Feder auf, warum gehorchte ich meinem Pferd nicht?« Er bat den Zaren: »Zar, erlaube, dass ich vor meinem Tod von meinem Pferd Abschied nehme.«

»Gut, nimm Abschied.«

Der Schütze ging zu seinem Pferd und weinte bitterlich.

»Weshalb weinst du?«

»Der Zar befahl, ich müsse in siedendem Wasser baden.«

»Fürchte dich nicht, weine nicht, du wirst am Leben bleiben!« Rasch sprach das Pferd ein Sprüchlein über den Schützen, damit das Wasser seinen weißen Leib nicht brenne. Der Strelitz kehrte aus dem Stall zurück und sogleich ergriffen ihn die Diener und warfen ihn in den Kessel. Er tauchte ein-, zweimal unter, sprang aus dem Kessel und war so schön geworden, dass kein Märchen es erzählen, keine Feder es beschreiben kann.

Der Zar sah, wie schön er geworden war, und wollte auch baden. Aus Dummheit sprang er in das Wasser und war sofort verbrüht. Man begrub ihn und wählte an seiner Stelle den wackeren Schützen zum Zaren. Er heiratete Zarewna Wassilissa und sie lebten lange Jahre in Frieden und Eintracht.

Der Traum

Es war einmal ein Kaufmann, der hatte zwei Söhne, Dmitri und Iwan. Eines Abends, als der Vater ihnen seinen Segen für die Nacht erteilte, sagte er: »Kinder, erzählt mir morgen früh, was euch heute Nacht träumen wird. Wenn ihr mir aber eure Träume verheimlicht, lasse ich euch töten!«

Am nächsten Morgen kam der ältere Sohn und sagte: »Väterchen, mir träumte, Bruder Iwan flog mit zwölf Adlern durch die Luft, auch starb dein Lieblingsschaf.«

»Und du, Wanja, was hast du geträumt?«

»Ich sage es nicht«, antwortete Iwan.

Wie sehr der Vater ihm zuredete, Iwan blieb verstockt. Er wiederholte nur immer trotz aller Ermahnungen: »Ich sage es nicht, ich sage es nicht.«

Der Kaufmann wurde zornig, rief seine Diener und befahl ihnen, den ungehorsamen Sohn zu ergreifen, ihn nackt auszuziehen und an eine Säule auf der Landstraße zu binden.

Die Diener ergriffen Iwan und banden ihn, wie ihnen befohlen war, ganz fest, nackt an eine Säule. Da ging es dem wackeren Jüngling schlecht. Die Sonne brannte auf ihn herab, die Mücken stachen, Hunger und Durst quälten ihn. Da kam zufällig ein junger Zarewitsch des Weges geritten,

der sah den Kaufmannssohn, erbarmte sich seiner und ließ ihn befreien. Er gab ihm Kleider, nahm ihn mit auf sein Schloss und fragte ihn dort: »Wer hat dich an die Säule gebunden?«

»Mein Vater, er zürnte mir so sehr.«

»Was hattest du denn verschuldet?«

»Ich wollte ihm nicht erzählen, was mir geträumt hatte.«

»Ach, wie dumm ist dein Vater, dich für diese Kleinigkeit so hart zu strafen. Was hat dir denn geträumt?«

»Ich sage es nicht, Zarewitsch.«

»Was heißt das, ich rettete dich vom Tod und du entgegnest mir so? Sag es mir gleich oder es geht dir schlecht!«

»Ich sagte es meinem Vater nicht und sage es dir auch nicht.«

Da ergriffen auf des Zarewitschs Befehl die Soldaten sogleich den Kaufmannssohn und steckten ihn in den Gefängnisturm.

So verging ein Jahr, da wollte der Zarewitsch heiraten und ritt weit fort in ein fernes Land, um dort Elena die Wunderschöne zu freien. Der Zarewitsch hatte eine Schwester, die ging bald nach seiner Abreise zufällig vor dem Gefängnis spazieren. Iwan der Kaufmannssohn sah sie von seinem Fensterchen aus und rief mit lauter Stimme: »Hab Erbarmen, Zarewna, lass mich heraus, vielleicht bin ich zu etwas nütze. Ich weiß, dass der Zarewitsch um Elena die Wunderschöne freien ging, ohne mich wird ihm das aber nicht gelingen. Er wird höchstens seinen Kopf verlieren. Vielleicht hast du selbst gehört, wie schlau sie ist und wie viele Freier sie schon zugrunde gerichtet hat.«

»Kannst du dem Zarewitsch helfen?«

»Ich könnte es, aber dem Falken sind die Flügel gebunden!«

Da gab die Zarewna sofort Befehl, ihn aus dem Gefängnis zu befreien.

Iwan der Kaufmannssohn sammelte

sogleich Gefährten, bis ihrer zwölf beisammen waren. Die sahen einander gleich wie leibliche Brüder. Sie waren gleich an Wuchs, an Stimme und Haar. Sie zogen gleiche Kaftans an, die waren nach einem Schnitt gemacht, sie stiegen auf gute Pferde und ritten von dannen. Sie ritten ein, zwei, drei Tage lang. Am vierten kamen sie in einen dunklen Wald, da hörten sie lautes Geschrei.

»Halt, Brüder«, sagte Iwan, »wartet ein bisschen, ich gehe dem Lärm nach.«

Er sprang vom Pferd und lief in den Wald, da sah er auf einer Lichtung drei alte Manner, die einander sehr beschimpften.

»Seid gegrüßt, ihr Alten, warum streitet ihr?«

»Ach, junger Mann, wir erhielten als Erbe von unserem Vater drei Wunderdinge. Eine unsichtbar machende Mütze, einen fliegenden Teppich und Meilenstiefel. Wir streiten jetzt schon siebzig Jahre und können die Sachen nicht unter uns verteilen!«

»Wollt ihr, dass ich sie teile?«

»Sei so gut!«

Iwan der Kaufmannssohn nahm seinen Bogen, legte drei Pfeile ein und schoss sie in verschiedene Richtungen ab. Dem einen der Alten befahl er sodann, nach rechts zu laufen, dem zweiten nach links und den letzten schickte er geradeaus.

»Wer von euch zuerst einen der Pfeile wiederbringt, erhält die Mütze, der zweite den Teppich, der dritte die Stiefel.«

Die Alten liefen nach den Pfeilen. Iwan der Kaufmannssohn nahm die drei Wunderdinge und kehrte zu seinen Gefährten zurück.

»Brüder, steigt ab, lasst eure Pferde laufen und setzt euch mit mir auf diesen fliegenden Teppich.«

Sie taten es schnell und flogen in das ferne Reich zu Elena der Wunderschönen. Sie flogen bis zur Hauptstadt hin, machten vor dem Schlagbaum halt und

zogen aus, den Zarewitsch aufzusuchen. So kamen sie vor sein Haus.

»Was wollt ihr?«, fragte er.

»Nimm uns wackere Burschen in deinen Dienst. Wir werden für dich sorgen und dir treuen Herzens dienen.«

Der Zarewitsch nahm sie auf. Er schickte den einen in die Küche, den anderen in den Stall und so fort. Gerade an diesem Tag schmückte der Zarewitsch sich festlich und ritt zu Elena der Wunderschönen. Sie empfing ihn freundlich, bewirtete ihn mit vielerlei Essen und teuren Getränken und fragte ihn dann: »Sag die Wahrheit, Zarewitsch, weshalb kamst du zu mir?«

»Elena, du Wunderschöne, ich kam, um dich zu fragen, ob du mich heiraten willst.«

»Ja, ich bin einverstanden, nur musst du zuerst drei Aufgaben lösen. Gelingt dir das, so werde ich deine Frau. Wenn nicht, so mache dich bereit, zu sterben.«

»Stell mir deine Aufgaben.«

»Morgen habe ich etwas, ich sag dir nicht, was, errate du das und bring herbei, was gleich dem Unbekannten sei!«

Der Zarewitsch kehrte in sein Haus zurück mit großem Kummer und Sorgen. Iwan der Kaufmannssohn fragte ihn: »Zarewitsch, warum bist du traurig? Hat dich Elena die Wunderschöne gekränkt? Teil mir deinen Kummer mit, dann wird es dir leichter ums Herz werden.«

»Elena die Wunderschöne stellte mir eine Aufgabe, die kein Weiser auf der Welt lösen kann«, sagte der Zarewitsch und erzählte das Rätsel.

»Nun, das ist noch kein großes Unglück. Bete zu Gott und leg dich schlafen. Der Morgen ist klüger als der Abend, da wollen wir die Sache überlegen.«

Der Zarewitsch ging schlafen und Iwan der Kaufmannssohn setzte die unsichtbar machende Mütze auf, zog die Meilenstiefel an und marsch ins Schloss zu Elena der Wunderschönen.

Er ging geradewegs in ihr Schlafzimmer und lauschte; da gab sie gerade ihrer liebsten Dienerin einen Auftrag: »Nimm dieses kostbare Zeug und bring es dem Schuster. Er soll mir einen Schuh für meinen Fuß daraus machen, aber so schnell wie möglich.«

Die Dienerin lief, wie es ihr befohlen war, zum Schuster und Iwan ging hinter ihr drein. Der Meister begann sofort die Arbeit, nähte einen Schuh und stellte ihn ans Fenster. Da nahm der Kaufmannssohn vorsichtig den Schuh und steckte ihn in seine Tasche. Der arme Schuster lief beunruhigt hin und her, denn die Arbeit war vor seiner Nase verschwunden. Er suchte und suchte, durchstöberte alle Ecken und Winkel, aber vergebens.

»Welch ein Wunder!«, dachte er. »Treibt der Teufel sein Spiel mit mir?«

Er konnte sich nicht helfen, sondern musste wieder zur Nadel greifen und einen zweiten Schuh nähen, den brachte er Elena der Wunderschönen.

»Oh, du Saumseliger«, sagte sie, »wie viel Zeit brauchst du zu einem Schuh!«

Sie setzte sich an ihren Arbeitstisch und nähte den Schuh mit Gold aus, verzierte ihn mit großen Perlen und befestigte Edelsteine daran. Iwan war aber auch dabei, nahm seinen Schuh aus der Tasche und machte das Gleiche wie sie. Was für ein Steinchen sie nahm, er wählte ein gleiches, wo sie eine Perle hinnähte, tat er es auch. Als Elena die Wunderschöne ihre Arbeit beendet hatte, lächelte sie und sprach: »Das kann man dem Zarewitsch morgen zeigen!«

»Warte«, dachte Iwan, »es steht noch nicht fest, wer schlauer als der andere ist.«

Er kehrte heim und legte sich schlafen. Zur Morgenandacht stand er auf, weckte

den Zarewitsch, gab ihm den Schuh und sagte: »Reit hin zu Elena der Wunderschönen und gib ihr dies, denn das ist ihre erste Aufgabe.«

Der Zarewitsch wusch und schmückte sich und ritt eilends zu seiner Braut. Es waren viele Gäste bei ihr versammelt, alle Zimmer waren voll mit Bojaren, großen Herren und Ratsleuten. Als der Zarewitsch ankam, spielte sogleich die Musik, die Gäste sprangen von ihren Sitzen auf und die Soldaten standen Habt-Acht.

Elena die Wunderschöne brachte ihren mit Edelsteinen und Perlen geschmückten und verzierten Schuh, schaute den Zarewitsch an und lachte.

Der sagte aber zu ihr: »Schön ist der Schuh; solange man aber keine zwei hat, ist er zu nichts nütze. Ich sehe, ich muss dir einen zweiten schenken.«

Bei diesen Worten nahm er seinen Schuh aus der Tasche und stellte ihn auf den Tisch.

Da klatschten die Gäste alle in die Hände und riefen wie aus einem Munde: »Ha, der Zarewitsch ist wert, unsere Herrin, Elena die Wunderschöne zu heiraten!«

»Das werden wir erst sehen«, antwortete sie. »Er muss erst die zweite Aufgabe lösen.«

Spät am Abend kam der Zarewitsch heim, noch trauriger als den Tag vorher.

»Zarewitsch, hör auf, dich zu grämen«, sagte Iwan, »bete zu Gott und leg dich schlafen. Der Morgen ist klüger als der Abend.«

Er brachte seinen Herrn zu Bett, setzte seine unsichtbar machende Mütze auf und lief mit den Meilenstiefeln ins Schloss zu Elena der Wunderschönen. Die gab gerade ihrer liebsten Dienerin den Befehl: »Geh rasch auf den Geflügelhof und bring mir eine Ente.«

Die Dienerin lief auf den Geflügelhof und Iwan hinter ihr her. Die Dienerin packte eine Ente und er einen Enterich; dann kehrten beide wieder zu Elena der Wunderschönen zurück.

Elena die Wunderschöne setzte sich an ihr Arbeitstischchen, nahm die Ente, schmückte ihre Flügel mit Bändern und ihren Schopf mit Brillanten. Iwan der Kaufmannssohn sah zu und machte dasselbe mit dem Enterich.

Am nächsten Tag waren wieder Gäste bei Elena der Wunderschönen und

wieder spielte Musik. Sie ließ ihre Ente los und fragte: »Errietest du meine Aufgabe, Zarewitsch?«

»Ja, Elena, du Wunderschöne! Da hast du ein Gleiches zu deiner Ente«, sagte er und ließ den Enterich frei.

Da schrien alle Bojaren einstimmig: »Ha, wackerer Zarewitsch, du bist würdig, Elena die Wunderschöne zu freien!«

»Wartet, erst muss er die dritte Aufgabe lösen.«

Am Abend kehrte der Zarewitsch so traurig heim, dass er nicht einmal reden wollte.

»Gräm dich nicht, Zarewitsch, leg dich lieber schlafen, der Morgen ist klüger als der Abend«, sagte Iwan der Kaufmannssohn.

Er setzte schnell seine Kappe auf, zog die Stiefel an und lief ins Schloss. Elena die Wunderschöne war gerade im Begriff, ans blaue Meer zu fahren. Sie stieg in ihren Wagen und fuhr in vollem Galopp davon, aber Iwan blieb keinen Schritt hinter ihr zurück.

Elena die Wunderschöne kam ans Meer und rief ihr Großväterchen an. Sogleich wogten die Wellen und aus dem Wasser stieg der alte Großvater auf. Sein Haupthaar war Silber, sein Bart war Gold. Er kam ans Ufer und sprach: »Sei gegrüßt, Enkelkind! Ich habe dich lange nicht gesehen. Such mir meinen Kopf ab.«

Er legte ihn auf ihre Knie und schlief süß ein. Elena suchte ihrem Großvater den Kopf ab und Iwan sah ihr über die Schulter.

Als der Alte fest eingeschlafen war, riss ihm Elena drei silberne Haare aus, aber Iwan fasste nicht drei, sondern gleich ein ganzes Büschel Haare und zog es aus. Der Großvater erwachte und schrie: »Bist du verrückt geworden! Das tut ja weh!«

»Verzeih, Großväterchen. Ich kämmte dich so lange nicht. Die Haare sind alle verwirrt.«

Der Großvater beruhigte sich und schnarchte bald wieder. Elena die Wunderschöne riss ihm drei goldene Haare aus, aber Iwan fasste ihn am Bart, dass ihm beinahe der ganze in der Hand blieb.

Da schrie der Großvater furchtbar auf, sprang in die Höhe und warf sich ins Meer.

»Jetzt ist der Zarewitsch verloren«, dachte Elena, »solche Haare kann er nicht herbeischaffen.«

Am nächsten Tag versammelten sich die Gäste wieder bei Elena der Wunderschönen, auch der Zarewitsch kam und sie zeigte ihm drei goldene und drei silberne Haare und fragte: »Sahst du schon solch ein Wunder?«

»Da fandest du etwas Rechtes, um damit zu prahlen! Wenn du willst, schenke ich dir ganze Büschel davon.«

Er nahm ein ganzes Bündel silberner und goldener Haare aus der Tasche und gab sie ihr. Elena die Wunderschöne wurde zornig, lief in ihr Schlafzimmer, um in ihrem Zauberbuch nachzusehen, ob der Zarewitsch allein alles erraten – oder ob ihm jemand geholfen habe.

Sie sah, dass nicht er der Schlaue war, sondern sein Diener Iwan der Kaufmannssohn. Sie kehrte zu ihren Gästen zurück und bat den Zarewitsch: »Schick mir deinen liebsten Diener.«

»Ich habe zwölf.«

»Schick mir den, der Iwan heißt.«

»Sie heißen alle Iwan.«

»Gut, dann sollen alle kommen«, sagte sie und dachte: »Ich finde den Schuldigen auch ohne dich heraus.«

Der Zarewitsch gab Befehl und sofort kamen die zwölf wackeren Burschen. Sie

waren alle gleich von Angesicht, gleich von Wuchs, gleich von Stimme und Haar.

»Wer ist der Erste unter euch?«, fragte Elena die Wunderschöne.

Da schrien alle zugleich: »Ich bin der Erste, ich!«

»Nun, so einfach erfahre ich es nicht«, dachte sie. Sie ließ elf einfache Becher bringen und den goldenen, aus dem sie selbst zu trinken pflegte. Sie füllte alle Becher mit teurem Wein und bewirtete die zwölf Burschen. Da nahm keiner einen einfachen Becher, sondern alle wollten den goldenen haben, rissen ihn einer dem andern weg, machten Lärm und verschütteten den Wein.

Elena die Wunderschöne sah ihren Plan misslingen und befahl, den Burschen zu essen und zu trinken zu geben und ihnen ein Nachtlager im Schloss zu bereiten. Als nachts alle fest schliefen, schlich sie mit ihrem Zauberbuch zu ihnen, um mit seiner Hilfe den Schuldigen zu erkennen. Sie sah in ihr Buch und fand den Kaufmannssohn sofort heraus, da schnitt sie ihm mit ihrer Schere das Haar von den Schläfen ab.

»An diesem Zeichen erkenne ich ihn morgen sicher und lasse ihn töten.«

In aller Frühe erwachte Iwan der Kaufmannssohn und fuhr mit der Hand nach dem Kopf – da waren seine Haare kahl geschoren. Er sprang vom Bett auf und weckte seine Gefährten.

»Genug geschlafen! Unheil droht, nehmt Scheren und schneidet euch an den Schläfen die Haare ab.«

Etwa eine Stunde später rief Elena die Wunderschöne die zwölf vor sich, um den Schuldigen herauszusuchen. Aber welch ein Wunder! Alle hatten kahle Schläfen. Da warf sie zornig ihr Zauberbuch in den Ofen. Sie hatte keine Ausflüchte mehr und musste den Zarewitsch heiraten. Die Hochzeit währte fröhlich drei Tage lang. Das Volk trank ohne Unterlass. Drei Tage standen Wirtshäuser und Garküchen offen und jeder konnte so viel essen und trinken, wie er wollte.

Als die Feste vorbei waren, reiste der Zarewitsch mit seiner jungen Frau in sein Reich zurück und schickte die zwölf wackeren Burschen voraus. Sie gingen vor die Stadt hinaus, breiteten ihren Zauberteppich aus und flogen und flogen bis in den dichten Wald, wo sie ihre guten Pferde verlassen hatten. Kaum waren sie von ihrem Teppich herabgestiegen, kam einer der drei Greise mit seinem Pfeil gelaufen. Iwan der Kaufmannssohn gab ihm die unsichtbar machende Mütze. Da kam der zweite Alte, der erhielt den Teppich, und als der dritte kam, erhielt er die Meilenstiefel. Iwan sagte zu seinen Gefährten: »Brüder, sattelt die Pferde, wir müssen wieder weiter.«

Sie fingen ihre Pferde ein, sattelten sie und ritten in ihr Vaterland zu der Zarewna zurück, die fragte hocherfreut nach ihrem Bruder, ob er geheiratet habe und ob er bald heimkehre.

»Wie soll ich euch für diesen Dienst belohnen?«

Iwan der Kaufmannssohn antwortete: »Setz mich in das Gefängnis an meinen alten Platz.«

So sehr die Zarewna ihm abredete, er bestand auf seinem Willen; da ergriffen ihn die Soldaten und führten ihn ins Gefängnis.

Nach einem Monat kamen der Zarewitsch und seine junge Frau an und wurden prächtig empfangen. Musik spielte, Kanonen krachten, Glocken läuteten und so viel Volk war zusammengelaufen, dass man auf ihren Köpfen hätte spazieren gehen können. Bojaren und Leute von Rang kamen, den Zarewitsch zu begrüßen, er aber schaute ringsum und fragte: »Wo ist Iwan, mein treuer Diener?«

»Er sitzt im Gefängnis.«

»Wieso, wer wagte es, ihn einzusperren?«

»Du selbst, Bruder«, sagte die Zarewna, »warst zornig auf ihn und befahlst, ihn in strenger Haft zu halten. Erinnerst du dich, wie du ihn nach einem Traum fragtest, den er nicht erzählen wollte?«

»Ist er das wirklich?«

»Ja, ich ließ ihn nur für einige Zeit frei.«

Der Zarewitsch befahl, dass man ihm Iwan den Kaufmannssohn vorführe; er fiel ihm um den Hals und bat ihn, allen Zorn zu vergessen.

»Weißt du, Zarewitsch«, sagte Iwan, »mir war bekannt, was dir geschehen würde, ich hatte alles geträumt und deshalb erzählte ich dir meinen Traum nicht.«

Der Zarewitsch machte ihn zum General, schenkte ihm reiche Güter und behielt ihn bei Hof. Iwan der Kaufmannssohn ließ seinen Vater und älteren Bruder kommen und sie lebten herrlich und in Freuden.

Die beiden Fröste

Zwei Fröste, zwei leibliche Brüder, strichen übers freie Feld, hüpften von einem Bein auf das andere, schlugen die Arme umeinander.

Der eine Frost sagte zum andern: »Brüderchen Rotnase! Wie wär's, wenn wir uns einen kleinen Spaß leisteten und ließen die Menschen frieren?«

Der andere antwortete ihm: »Brüderchen Blaunase! Wenn wir die Menschen zum Frösteln bringen wollen, dürfen wir nicht auf dem freien Feld herumspazieren. Die Fläche ist mit Schnee bedeckt, alle Wege sind zugeschneit, niemand kommt zu Fuß oder Schlitten. Sausen wir lieber in den Hochwald. Dort ist zwar weniger freier Raum, aber dafür haben wir dort mehr Vergnügen. Vielleicht treffen wir auch jemanden, der unterwegs ist.«

Gesagt – getan. Die beiden Brüder Frost eilten in den Wald. Im Lauf sprangen sie von einem Bein auf das andere, rüttelten an den Tannen, an den Kiefern. Ein alter Tannenbaum knarrte, eine junge Fichte kreischte. Sie rannten über verharschten Schnee, der eine Eiskruste gebildet hatte. Ein Grashalm schaute aus dem Schnee heraus – sie bliesen darauf und er sah aus, als wäre er mit Glasperlen bedeckt.

Jetzt hörten sie von einer Seite Glöckchen erklingen, von der anderen Seite Schellengeläut. Mit Glöckchen kam ein Herr gefahren, mit Schellen ein Bauer. Die Brüder Frost berieten, wer zu wem eilen, wer wen frieren lassen solle.

Frost Blaunase – er war der Jüngere – sagte: »Ich mache mich lieber an den Bauern heran. Ihn kriege ich schneller in den Griff, sein Halbpelz ist alt und geflickt, die Kappe voller Löcher, an den bloßen Füßen hat er nur Bastschuhe an. Er fährt offenbar in den Wald, um Bäume zu fällen. Doch du, Bruder, bist stärker als ich, du jage dem Herrn nach. Du siehst ja, er hat einen Pelz aus

Bärenfell, die Mütze ist aus Fuchsfell, die Stiefel sind mit Wolfsfell gefüttert. Was kann ich mit ihm anfangen! Den bezwinge ich nicht.«

Frost Rotnase lachte sich eins. »Du bist noch jung und unerfahren, Brüderchen!«, sagte er. »Aber es soll nach deinem Willen geschehen. Renne dem Bauern nach und ich befasse mich mit dem Herrn. Wenn wir uns abends wieder treffen, wollen wir feststellen, wessen Arbeit leicht und wessen schwer war. Inzwischen leb wohl!«

»Leb wohl, Brüderchen!« Pfiffen, klirrten, sausten ab.

Sowie die Sonne untergegangen war, trafen sie auf dem freien Feld wieder zusammen und fragten einander, was sie ausgerichtet hatten.

«Ich meine, Brüderchen, mit dem Herrn hast du viel Plackerei gehabt«, sagte der Jüngere, »doch hast du nichts dabei gewonnen. Wie sollte man auch an ihn herankommen!«

Der Ältere lachte hell auf. »Ach«, sagte er, »Brüderchen, Frost Blaunase, jung bist du und einfältig. Ich habe ihn so gepiesackt, dass er sich eine Stunde lang gewärmt hat und doch nicht warm geworden ist.«

»Ja, wie denn! Und der Pelz und die Mütze, die Stiefel da?«

»Hat alles nichts geholfen. Ich kroch ihm in den Pelz, unter die Mütze, in die Stiefel und ließ ihn erschauern. Er zog sich zusammen, machte sich klein, kuschelte sich ein. Er dachte: »Ich rühre kein Glied, vielleicht überwältigt mich die Kälte nicht!« Aber hast du dir gedacht! Damit arbeitete er mir in die Hände. Und *wie* ich ihm zusetzte! In der Stadt hat man ihn halb tot aus dem Schlitten gezogen. Nun, und du, was hast du mit deinem Bäuerchen angestellt?«

»Ach, Brüderchen, Frost Rotnase! Mit mir hast du dir einen schlechten Spaß erlaubt. Schade, dass ich nicht rechtzeitig zur Vernunft gekommen bin. Ich dachte, ich würde den Bauern zum Frieren bringen, aber es kam ganz anders. Er hat mich tüchtig verprügelt.«

»Wieso?«

»Ja, das kam so. Er war, das hast du selbst gesehen, im Wald, um Bäume zu fällen. Unterwegs nahm ich ihn mir gehörig vor, aber er verzagte nicht, fluchte nur: ›Verdammte Kälte!‹ Es war einfach beleidigend. Nun, ich zwickte und beutelte ihn noch ärger. Aber der Scherz dauerte nicht lange. Als er an Ort und Stelle angekommen war, stieg er vom Schlitten und nahm die Axt zur Hand. Ich dachte: »Jetzt gehe ich endgültig zum Angriff über«, kroch ihm unter den Halbpelz und biss ihn. Doch er schwang die Axt, dass die Splitter rundum nur so flogen. Sogar ins Schwitzen geriet er. Ich sah: Schlimm – unterm Halbpelz war keine Bleibe mehr für mich. Der Mann dampfte geradezu. Ich schnell weiter. Überlege: Was tun? Und der Bauer arbeitet und arbeitet. Womit soll man ihn zum Frieren bringen, wenn ihm so heiß ist? Da zog er auch noch den Halbpelz aus. Ich frohlockte: »Warte!«, sage ich. »Jetzt werde ich dir zeigen, wer ich bin!« Der Halbpelz war ganz feucht. Ich machte mich über ihn her und fror ihn so ein, dass er steif wie ein Brett wurde. ›Zieh ihn nur an, versuch's!‹

Als der Bauer seine Arbeit beendet hatte und zu seinem Halbpelz ging, hüpfte mir das Herz vor Vergnügen. Jetzt würde ich meinen Spaß erleben! Der Bauer besah den Pelz und fluchte auf mich – Wörter gebrauchte er, wie man sie sich nicht schlimmer erdenken kann. »Fluche nur«, denke ich bei mir. »Fluche du nur! Doch mich wirst du nicht wieder los! Aber er ließ es nicht beim Fluchen, sondern nahm einen langen Knüppel, noch dazu einen voller Zacken, und damit schlug er auf den Halbpelz los!« Auf den Pelz schlägt er und auf mich flucht er in einem fort. Ich wollte so schnell wie möglich fliehen, aber ich hatte mich schon zu sehr in den Haarfilz verbissen und konnte mich nicht losreißen. Und er prügelt und prügelt! Mit Mühe und Not entkam ich. Ich dachte, mir müssten alle Knochen zerbrochen sein. Bis jetzt tut mir alles weh. Ich habe es bitter bereut, dass ich den Bauern zum Frieren bringen wollte.«

»Soso!«

Michail Michailow

Zarewna Frosch

In einem Land, in einem Reich, lebten einmal ein Zar und eine Zarin, die hatten drei Söhne, alle jung, ledig und dabei so kühne Helden, dass es im Märchen nicht zu erzählen, mit der Feder nicht zu beschreiben ist.

Der Jüngste hieß Iwan Zarewitsch.

Da sprach einmal der Zar zu ihnen: »Meine lieben Kinder, nehmt euch jeder einen Pfeil, spannt eure starken Bogen und schießt nach verschiedenen Richtungen. Wo die Pfeile niederfallen, dort findet ihr eure Bräute.«

Der älteste Sohn schoss und sein Pfeil fiel in eines Bojaren Hof gerade vor dem Turm der Mädchen nieder.

Der zweite Sohn schoss und sein Pfeil flog in eines Kaufmanns Haus und blieb gerade vor der Rampe stecken, da stand ein herziges Mädchen, des Kaufmanns Tochter.

Der jüngste Sohn schoss und sein Pfeil flog in einen trüben Sumpf und ein Quakfrosch erfasste ihn. Da sagte Iwan Zarewitsch: »Wie kann ich eine Quakuschka zur Frau nehmen, die ist doch nicht meinesgleichen.«

»Nimm sie nur«, antwortete ihm der Zar, »das ist eben dein Los.«

So heirateten die Zarewitsche: der älteste die Bojarentochter, der zweite die Kaufmannstochter und Zarewitsch Iwan den Quakfrosch.

Der Zar berief seine Söhne und sagte: »Eure Frauen sollen mir jede zum Frühstück ein weiches, weißes Brot backen.«

Iwan Zarewitsch kehrte traurig in sein Zimmer zurück und ließ den mutigen Kopf tief hängen.

»Qua, qua, Iwan Zarewitsch, warum bist du so betrübt? Hast du von deinem Vater ein böses Wort gehört?«, fragte ihn Quakuschka.

»Wie sollte ich nicht traurig sein! Mein Väterchen, der Zar, befahl, du solltest ihm zum Frühstück ein weiches, weißes Brot backen.«

»Gräm dich nicht, Zarewitsch. Leg dich nur schlafen, der Morgen ist klüger als der Abend.«

Der Zarewitsch legte sich schlafen, da warf der Frosch seine Haut ab und stand als schönes Mädchen da.

Der Frosch war nämlich Wassilissa die Wunderkluge. Sie trat auf die Rampe vor und schrie mit lauter Stimme: »Ammen und Wärterinnen, kommt alle herbei! Backt mir ein weiches Brot, wie ich es immer zu Hause bei meinem Väterchen aß!«

Am nächsten Morgen erwachte Iwan Zarewitsch, da hielt Quakuschka das Brot schon lange bereit und es war so ausgezeichnet, wie man es weder beschreiben noch sich ausmalen, sondern nur im Märchen vorfinden kann. Das Brot war verschiedentlich kunstvoll verziert. Man sah Städte, Türme und Mauern darauf abgebildet.

Der Zar dankte Iwan Zarewitsch für das Brot und gab seinen Söhnen einen neuen Befehl: »Eure Frauen sollen mir in einer Nacht jede einen Teppich weben.«

Iwan Zarewitsch kam tief betrübt heim und ließ seinen mutigen Kopf tief hängen.

»Qua, qua, Zarewitsch, weshalb bist du so traurig? Hat dein Vater dir ein hartes Wort gesagt?«

»Wie sollte ich nicht traurig sein? Der Zar, mein Vater, befahl, in einer Nacht einen seidenen Teppich für ihn zu weben.«

»Gräm dich nicht, Iwan Zarewitsch, sondern leg dich zur Ruhe. Der Morgen ist klüger als der Abend.«

Da ging er schlafen, sie aber warf ihre Froschhaut ab und stand sofort als wunderschöne, wunderkluge Wassilissa da.

Sie ging auf die Rampe vor das Haus und rief mit lauter Stimme: »Ammen und Wärterinnen! Kommt schnell herbei, webt mir einen Teppich, der soll so schön sein wie derjenige, auf dem ich zu Hause bei meinem Väterchen saß.«

Wie gesagt, so getan. Am Morgen erwachte Iwan Zarewitsch und Quakuschka hatte schon lange den Teppich bereit. Der war so prachtvoll, wie man es sich weder vorstellen, noch erfinden, sondern nur im Märchen davon erzählen kann. Der Teppich war kunstvoll gemustert, mit Gold und Silber verziert.

Der Zar dankte Iwan Zarewitsch für seinen Teppich und gab neuerdings einen Befehl. Die drei Zarewitsche sollten mit ihren Frauen zu ihm auf Besuch kommen.

Wieder kehrte Iwan Zarewitsch traurig heim und ließ seinen mutigen Kopf tief hängen.

»Qua, qua, Iwan Zarewitsch, warum bist du so traurig? Hast du von deinem Vater ein hartes Wort gehört?«

»Wie sollte ich nicht traurig sein? Der Zar, mein Vater, befahl, dass ich mit dir zu Besuch komme; wie kann ich dich den Leuten zeigen!«

»Gräm dich nicht, Zarewitsch, und geh allein voraus zum Zaren, ich komme dir nach. Wenn du Donnergepolter hörst, dann sage: ›Da kommt mein Frosch, meine Quakuschka!‹«

Die älteren Brüder erschienen mit ihren Frauen, die waren prächtig angezogen, standen da und lachten Iwan Zarewitsch aus.

»Bruder, was heißt das, bist du ohne Frau gekommen oder hast du sie im Tüchlein mitgenommen? Wo hast du nur die Schöne gefunden? Du hast wohl den ganzen Sumpf abgesucht.«

Plötzlich erhob sich ein ungeheures Getöse und Donnern. Das ganze Schloss erzitterte. Die Gäste erschraken sehr, sprangen von ihren Sitzen auf und wussten nicht, was sie tun sollten.

Da sagte Iwan Zarewitsch: »Fürchtet euch nicht, es kommt nur mein Fröschlein gefahren.«

Vor der Schlossrampe hielt ein vergoldeter Wagen, der war mit sechs Pferden

bespannt, und Wassilissa die Wunderkluge stieg aus. Sie war so wunderschön, dass man es weder ausmalen noch erfinden, sondern nur im Märchen davon erzählen kann.

Sie nahm Iwan Zarewitsch bei der Hand und führte ihn zu den Tischen, die mit Speisen besetzt, mit Tüchern gedeckt waren. Die Gäste aßen und tranken und waren fröhlich. Wassilissa die Kluge trank und goss die letzten Tropfen aus ihrem Glas in ihren linken Ärmel, dann aß sie von einem Schwan und steckte die Knöchelchen in ihren rechten Ärmel.

Die Frauen der älteren Brüder sahen ihre Künste und machten ihr alles nach.

Wassilissa die Wunderkluge tanzte nach dem Essen mit Iwan Zarewitsch. Sie winkte dabei mit der linken Hand, da entstand ein See, sie winkte mit der rechten, da schwammen auf dem Wasser weiße Schwäne.

Da staunten der Zar und seine Gäste.

Die älteren Schwiegertöchter tanzten auch und winkten mit der linken Hand, da bespritzten sie alle Gäste, sie winkten mit der rechten Hand, da flogen die Knochen dem Zaren gerade ins Gesicht. Der Zar wurde böse und jagte beide in Ungnade davon.

Unterdessen benützte Iwan Zarewitsch den Augenblick, lief nach Hause, fand die Froschhaut und verbrannte sie am großen Feuer.

Wassilissa die Wunderkluge kehrte heim und fand ihre Froschhaut nicht. Sie klagte und trauerte und sagte zum Zarewitsch: »Ach, Iwan Zarewitsch, was hast du getan? Hättest du noch ein wenig gewartet, wäre ich auf ewig dein geworden. Jetzt aber leb wohl! Such mich hinter dreimal neun Landen, im dreimal zehnten Reich, beim unsterblichen Koschtschei.«

Sie verwandelte sich in einen Schwan und flog zum Fenster hinaus.

Iwan Zarewitsch weinte bitterlich, betete zu Gott, verneigte sich nach allen vier Seiten und zog aus, immer gerade fort. Er ging über nah und fern, über kurz und lang, da traf er einen alten Mann.

»Wackerer Bursche, sei gegrüßt«, sagte dieser, »wohin geht der Weg?«

Iwan erzählte ihm sein Unglück.

»Ja, Iwan Zarewitsch, weshalb verbranntest du die Froschhaut? Du hattest sie ihr nicht angezogen, du hättest sie ihr nicht wegnehmen dürfen. Wassilissa die Wunderkluge war klüger und weiser als ihr Vater, darüber war er so zornig, dass er sie für drei Jahre in einen Frosch verwandelt hat. Hier hast du einen Knäuel, wohin er rollt, geh ruhig nach.«

Iwan Zarewitsch dankte dem Alten und folgte dem Knäuel. Er ging im freien Feld dahin, da traf er einen Bären.

»Ei«, sagte er, »den will ich töten.«

Da sprach der Bär: »Erschlag mich nicht, zur rechten Zeit will ich dir nützen.«

Iwan ging weiter, plötzlich sah er einen Enterich fliegen, da zielte er nach ihm, denn er wollte den Vogel schießen.

Da sprach der plötzlich mit menschlicher Stimme: »Töte mich nicht, Zarewitsch. Ich werde dir noch nützlich sein.«

Iwan ging weiter und ließ ihn leben.

Da lief ein Hase vorbei, den wollte der Zarewitsch wieder schießen, aber der Hase sprach mit menschlicher Stimme: »Verschone mich, ich will dir später noch nützen.«

Iwan verschonte ihn und ging weiter, bis an das blaue Meer, da sah er im Sand einen Hecht liegen, der war nahe daran, zu verschmachten.

»Ach, Iwan Zarewitsch«, sprach der Hecht, »hab Mitleid mit mir und wirf mich ins Meer.«

Iwan Zarewitsch warf ihn ins Wasser und ging am Ufer weiter. Über kurz oder lang rollte der Knäuel in ein Hüttchen, das stand auf Hühnerfüßen und drehte sich.

Da sprach der Zarewitsch: »Hüttchen, Hüttchen, steh wie ehedem, wie Mütterchen dich aufgebaut, zu mir mit deinem Angesicht und kehr dem Meer den Rücken.« Das Hüttchen blieb stehen vor seinem Angesicht und kehrte dem Meer den Rücken zu.

Der Zarewitsch trat ein und sah: Da lag hoch oben auf dem Ofen Baba Jaga mit dem Knochenbein, ihre Nase erreichte die Zimmerdecke, der Schmutz lag bis an die Tür. Sie fletschte mit den Zähnen und schrie: »Heda, wackerer Bursche, was führt dich zu mir?«

»Ach, du altes Weib, könntest mir wohl vorerst Speise und Trank reichen, mir ein Bad bereiten und dann erst fragen!«

Baba Jaga gab ihm Speise und Trank, heizte ihm ein Bad und der Zarewitsch erzählte ihr, dass er seine Frau, Wassilissa die Wunderkluge, suche.

»Ich weiß, die ist jetzt bei dem unsterblichen Koschtschei«, sagte Baba Jaga, »und schwer wiederzuerlangen. Mit Koschtschei wird man nicht so leicht fertig. Sein Tod sitzt in einer Nadel, die Nadel ist in einem Ei, das Ei in einer Ente, die Ente im Hasen, aber der Hase im Koffer, der Koffer steht auf einer hohen Eiche und den Baum hütet Koschtschei wie seinen Augapfel.«

Jaga zeigte dem Zarewitsch, wo der Eichbaum wuchs, und er ging hin. Er wusste aber nicht, wie er den Koffer erlangen sollte. Plötzlich rannte der Bär einher und riss den Baum mit der Wurzel aus. Der Koffer fiel herab und zerbrach, da sprang ein Hase heraus und lief in größter Eile davon, aber ein anderer Hase jagte ihm nach, ereilte ihn, packte und zerriss ihn zu kleinen Stücken. Aus dem Hasen flog eine Ente empor, hoch, hoch in die Luft, aber ein Enterich stieß ihr nach, und kaum hatte er sie erreicht, ließ sie ein Ei fallen – das fiel ins Meer.

Als Iwan Zarewitsch dies große Unglück sah, zerfloss er in Tränen.

Plötzlich schwamm ein Hecht ans Ufer und hielt zwischen seinen Zähnen das Ei. Iwan Zarewitsch nahm es und schlug es auf, da fand er die Nadel.

Koschtschei aber lief ängstlich in seinem Haus hin und her, und als Iwan Zarewitsch der Nadel die Spitze abbrach, fiel Koschtschei um und war tot.

Jetzt ging der Zarewitsch hin und holte Wassilissa die Wunderkluge heim in sein Schloss. Dort lebten sie noch lange und glücklich miteinander.

Emelja der Dummkopf

rgendwo war ein Dorf, da lebte ein Bauer, der hatte drei Söhne, zwei waren klug, aber der dritte war ein Dummkopf und hieß Emelja. Der Vater lebte sehr lang und wurde sehr alt. Eines Tages rief er seine Söhne und sagte ihnen: »Liebe Kinder, ich fühle, dass ich nicht mehr lange leben werde, ich hinterlasse euch mein Haus und mein Vieh, das verteilt zu gleichen Teilen unter euch, außerdem hinterlasse ich jedem hundert Rubel.«

Kurz darauf starb der Vater, die Kinder begruben ihn mit Ehren und lebten weiter, wie sich's geziemt. Einmal wollten die zwei Brüder in die Stadt fahren und mit den dreihundert Rubeln, die ihnen der Vater hinterlassen hatte, Handel treiben und sie sagten zu Emelja dem Dummkopf: »Höre, Dummkopf, wir fahren in die Stadt und nehmen deine hundert Rubel mit, gelingt der Handel, so teilen wir den Gewinn in zwei Teile und bringen dir einen roten Kaftan, eine rote Mütze und rote Schuhe mit. Bleibe zu Hause, und wenn dir unsere Frauen, deine Schwägerinnen (sie waren nämlich verheiratet), einen Auftrag geben, so tu, was sie verlangen.«

Dummkopf wollte gerne Kaftan und Schuhe haben und versprach deshalb, zu tun, was ihm befohlen würde.

Daraufhin ritten die Brüder in die Stadt und Dummkopf blieb zu Hause bei seinen Schwägerinnen. Nach einiger Zeit, es war Winter und herbes Frostwetter, wollten die Frauen ihn um Wasser schicken. Dummkopf lag hinter dem Herd und sagte: »Was macht denn ihr?«

»Dummkopf«, schrien sie, »spürst du nicht, dass so starker Frost ist, dass die Männer um Wasser gehen müssen?«

Er sagte: »Ich bin faul!«

Da schrien die Schwägerinnen: »Ei, faul bist du, aber essen willst du doch, und ohne Wasser kann man nicht kochen. Lass aber nur gut sein, wir sagen unsern Männern, wenn sie wiederkommen, dass sie den roten Kaftan und alles andere kaufen, aber dir nichts davon geben sollen.« Kaum hörte das Emelja, der den roten Kaftan haben wollte, so stieg er vom Ofen, um Pelz und Stiefel anzuziehen. Als er angezogen war, nahm er Eimer und Beil und ging an den Fluss, das Dorf lag nämlich an einem Fluss. Dort angelangt, hieb er ein Loch, schöpfte die Eimer voll Wasser, stellte sie auf das Eis und betrachtete das Wasser durch die Spalte. Da sah er einen sehr großen Hecht schwimmen. So dumm Emelja war, den Hecht wollte er doch fangen, vorsichtig schlich er an ihn heran, immer näher, und erfasste ihn plötzlich mit der Hand, zog ihn aus dem Wasser, steckte ihn in sein Gewand und wollte heimgehen.

Der Hecht sprach aber: »Dummkopf, wozu hast du mich gefangen?«

»Wozu? Ich trage dich nach Hause, damit meine Schwägerinnen dich kochen!«

»Nein, Dummkopf, trage mich nicht nach Hause. Lasse mich wieder ins Wasser zurück, ich mache dich zum reichen Mann dafür!«

Dummkopf glaubte es nicht und wollte weitergehen.

»Höre, Dummkopf, lass mich wieder ins Wasser zurück. Ich will alles tun. Was du willst, was du wünschst, soll geschehen«, sagte der Hecht wieder.

Dummkopf hörte das mit Freuden, denn er war außerordentlich faul und dachte, wenn der Hecht alles erfüllen will, was ich wünsche, brauche ich nicht mehr zu arbei-

ten. »Ich will dich wieder ins Wasser setzen«, sagte er, »aber halte, was du versprichst.«

»Lasse mich ins Wasser, dann tue ich, was du wünschst.«

»Nein, erst musst du dein Versprechen erfüllen, dann lass ich dich los.«

Der Hecht sah, dass er so nicht freikäme, und sagte wieder: »Wenn du willst, dass ich dich lehre, was du sagen musst, damit deine Wünsche in Erfüllung gehen, so wünsche dir jetzt etwas.«

»Ich will, dass meine Eimer mit Wasser allein den Berg hinaufgehen (das Dorf lag nämlich auf einem Berg), ohne dass etwas herausspritzt!«

Der Hecht sagte: »Nichts wird verspritzt, nur merke dir die Worte: ›Auf des Hechts Befehl, auf meine Bitte, steigt ihr Eimer allein den Berg hinauf.‹«

Dummkopf wiederholte das Sprüchlein und die Eimer mit dem Schwengel stiegen sofort den Berg hinauf. Emelja staunte sehr und fragte den Hecht: »Wird das immer so sein?«

»Ja«, antwortete er, »solange du die Worte nicht vergisst, die ich dir sagte.«

Darauf ließ Emelja den Hecht ins Wasser springen und ging seinen Eimern nach. Die Nachbarn staunten sehr, als sie das sahen, und sagten: »Was macht der Dummkopf? Die Eimer gehen allein und er hinterdrein.«

Emelja ließ sie reden und ging nach Hause. Die Eimer gingen in die Hütte und stellten sich auf die Bank. Dummkopf kroch auf den Herd. Nach einiger Zeit sagten seine Schwägerinnen wieder: »Emelja, was liegst du da, gehe und hacke Holz!«

»Was tut denn ihr?«, antwortete er.

»Was wir tun?«, schrien seine Schwägerinnen. »Siehst du nicht, dass es Winter wird und kalt!«

»Ich bin faul.«

»Du wirst frieren! Übrigens lass nur gut sein, wenn du nicht Holz hacken gehst, sagen wir unsern Männern, dass sie dir weder Kaftan noch Mütze und Schuhe geben sollen.«

Dummkopf wollte den roten Kaftan, Schuhe und Mütze haben, musste daher Holz hacken gehen. Da er aber außergewöhnlich faul war und nicht von dem Ofen heruntersteigen wollte, sagte er leise vor sich hin: »Auf des Hechts Befehl,

auf meinen Wunsch, Beil hacke Holz, Holz komm in die Hütte und schichte dich unter den Herd!«

Das Beil sprang auf und hackte das Holz. Die Scheite kamen allein in die Hütte und schichteten sich unter den Herd, da staunten die Schwägerinnen sehr über Emeljas Pfiffigkeit. Jeden Tag, wenn Emelja Holz hacken sollte, hackte das Beil allein. So ging es eine Zeit lang, da sagten die Schwägerinnen: »Emelja, wir haben kein Holz mehr, geh in den Wald und bringe welches.«

»Was tut denn ihr?«, sagte er.

»Was wir tun?«, schrien die Frauen. »Siehst du denn nicht, dass es Winter ist und zu kalt für uns, um in den Wald zu fahren?«

»Ich bin faul«, sagte der Dummkopf.

»Ei, dir wird kalt werden, und wenn du nicht gehst, so sagen wir deinen Brüdern, wenn sie kommen, dass sie dir nichts geben dürfen, keinen Kaftan, keine rote Mütze, keine Schuhe.«

Da Dummkopf das alles haben wollte, musste er in den Wald fahren, um Holz zu holen, und stieg vom Herd herab, Pelz und Stiefel anzuziehen. Als er damit fertig war, ging er in den Hof, zog den Schlitten aus dem Verschlag, nahm Beil und Seil, stieg ein und befahl seinen Schwägerinnen, die Tore zu öffnen. Als die sahen, dass er im Schlitten fahren wollte, ohne Pferde vorzuspannen, sagten sie: »Emelja, was tust du im Schlitten ohne Pferde?« Er sagte, er brauche keine, sie sollten nur das Tor öffnen. Die Schwägerinnen taten es und Dummkopf sagte: »Auf des Hechts Befehl und meine Bitte, Schlitten, fahr in den Wald!«

Da fuhr der Schlitten dahin und alle Bauern aus dem Dorf staunten, wie Emelja ohne Pferd im Schlitten fuhr, und noch dazu so schnell, dass man mit zwei Pferden nicht hätte schneller fahren können. Um in den Wald zu gelangen, musste man durch die Stadt fahren, deshalb fuhr Dummkopf durch die Stadt, da er aber nicht wusste, dass man den Leuten zurufen müsse, damit sie auswichen, schrie er nicht und überfuhr eine Menge Menschen. Man jagte ihm nach, aber niemand holte ihn ein.

Emelja kam in den Wald, stieg aus seinem Schlitten und sprach: »Auf des Hechts Befehl und meine Bitte, Beil, hacke Holz, und ihr Scheite, schichtet euch auf den Schlitten.«

Kaum hatte Dummkopf diese Worte gesagt, machte sich das Beil an die Arbeit, die Scheite fielen auf den Schlitten und das Seil band sie zusammen. Als Holz genug gehackt war, befahl er dem Beil, noch eine Eichenkeule für ihn zu hacken. Dann stieg er auf den Schlitten, sprach sein Wünschlein und fuhr nach Hause. Rasch fuhr er dahin, bis zur Stadt, wo er die vielen Menschen überfahren hatte, dort erwarteten sie ihn und wollten ihn fangen. Das gelang auch, sie zogen ihn von seinem Schlitten herab und begannen ihn zu prügeln. Da sagte er leise: »Auf des Hechts Befehl und meine Bitte, Keulchen, schlag zu und brich ihnen Arme und Beine.«

Gleich sprang die Keule herbei und prügelte alle durch. Das Volk lief davon und Dummkopf fuhr heim, und nachdem die Keule alle geprügelt hatte, jagte sie ihm nach. Zu Hause stieg er wieder auf seinen Ofen. Man sprach viel von ihm in der Stadt, nicht weil er so viele Menschen überfahren hatte, sondern weil er ohne Pferde im Schlitten gefahren war. Nach und nach gelangte das Gerücht zum König. Der König wollte ihn durchaus sehen und sandte einen Offizier mit einigen Soldaten aus, ihn zu suchen. Der Offizier brach langsam auf und fand den Weg, den Dummkopf eingeschlagen hatte. Er kam in das Dorf, wo Emelja wohnte, ließ den Dorfältesten kommen und sagte: »Ich bin vom König geschickt. Ich soll euern Dummkopf aufsuchen und zum König bringen.«

Der Älteste zeigte ihm den Hof, wo Emelja wohnte, und der Offizier trat in die Hütte und fragte: »Wo ist Dummkopf?«

Der lag auf dem Ofen und antwortete: »Was willst du von ihm?«

»Ziehe dich schnell an, ich führe dich vor den König!«

»Was soll ich dort tun?«

Der Offizier wurde über Emeljas Unhöflichkeit zornig und schlug ihn ins Gesicht. Dummkopf merkte, dass man ihn prügle, und sagte leise: »Auf des Hechts Befehl und meine Bitte, Keulchen, brich ihnen Arm und Beine.«

Die Keule sprang sogleich hervor und prügelte alle, Offizier und Soldaten. Der Offizier musste heimfahren und meldete dem König, dass Dummkopf alle durchgeprügelt habe. Der König staunte sehr und konnte nicht glauben, dass er alle Leute prügeln könne. Er wählte einen klugen Menschen aus, der sollte Dummkopf herbeiholen, sei es auch mit List. Der Abgesandte des Königs reiste und reiste, bis er in das Dorf kam, in dem Emelja lebte. Er berief den Dorfältesten und sprach: »Ich bin vom König nach euerm Dummkopf ausgeschickt, rufe mir diejenigen, bei denen er wohnt.«

Der Älteste lief und brachte die Schwägerinnen.

Der Abgesandte des Königs fragte sie: »Was hat der Dummkopf gern?«

»Gnädiger Herr«, antworteten sie, »wenn man ihn dringend um etwas bittet, wird er es ein-, zweimal rund abschlagen, aber beim dritten Mal gibt er nach und tut, was man will. Er leidet es nicht, wenn man grob mit ihm ist.«

Der Abgesandte schickte sie fort und verbot ihnen, Emelja etwas weiterzuerzählen. Dann kaufte er Rosinen, Zwetschgen und Weintrauben, damit ging er zu Emelja. Als er in die Hütte eingetreten war, ging er zu Dummkopf auf dem Ofen, gab ihm die Rosinen, Zwetschgen und Weintrauben und sprach: »Emelja, wozu liegst du auf dem Ofen, komm, fahr mit mir zum König!«

»Mir ist hier warm«, sagte Dummkopf, denn Wärme ging ihm über alles.

»Bitte, Emelja, fahr mit mir, es wird dir dort gefallen«, sagte der Abgesandte.

»Ich bin faul.«

»Komm, der König lässt dir einen roten Kaftan, Mütze und Schuhe nähen.«

Als Emelja das hörte, sagte er: »Fahre nur voraus, ich komme nach.«

Der Abgesandte setzte ihm nicht weiter zu, sondern fragte die Schwägerinnen leise: »Wird er Wort halten?«

Sie versicherten, dass Dummkopf ihn nicht betrügen würde, daraufhin reiste er ab. Dummkopf blieb noch eine Weile auf dem Ofen liegen und sagte dann: »Oh, wie gerne möchte ich zum König fahren, aber wie? – Auf des Hechts Befehl und meine Bitte, Ofen fahre zur Stadt«, murmelte er leise.

Gleich krachte die Hütte in ihren Fugen, der Ofen löste sich los und ging allein auf und davon in die Stadt hinein, und zwar so schnell, dass er nicht einzuholen war. Er holte sogar den Abgesandten ein, der vor ihm weggefahren war, und sie erreichten zusammen den Hof.

Als der König sah, dass der Dummkopf sich nahe, ging er mit allen seinen Ministern ihm entgegen; als er Emelja auf dem Ofen erblickte, schwieg er zuerst still, fragte aber endlich: »Weshalb überfuhrst du so viele Menschen, als du im Wald Holz holtest?«

»Da kann ich nichts dafür«, sagte Emelja, »warum wichen sie mir nicht aus?«

In diesem Augenblick trat die Königstochter an das Fensterchen, betrachtete Dummkopf und gleichzeitig sah Emelja das Fensterchen an und erblickte die wunderschöne Königstochter. Leise sagte er: »Auf des Hechts Befehl und meine Bitte soll sich dies schöne Mädchen in mich verlieben!«

Kaum hatte er das gesagt, verliebte sich die Königstochter in ihn, Dummkopf sagte sein Sprüchlein auf und kehrte nach Hause zurück. Der Ofen fuhr heim und fügte sich in seine alte Stelle ein.

Emelja lebte eine Weile wohlbehalten weiter, aber in der Stadt ging es durch sein Sprüchlein anders zu. Die Königstochter liebte Emelja und bat den König, ihr

Dummkopf zum Mann zu geben. Darob zürnte der König ihm sehr, wusste aber nicht, wie ihn einzufangen. Seine Minister schlugen vor, er solle jenen Offizier, der schon einmal vergebens nach ihm ausgezogen war, als Strafe dafür nochmals nach Emelja ausschicken. Der König ließ ihn kommen und sprach: »Höre, mein Freund, ich sandte dich schon einmal nach Dummkopf aus, aber du brachtest ihn nicht ein. Zur Strafe schicke ich dich ein zweites Mal. Du musst ihn unbedingt bringen. Gelingt es dir, belohne ich dich, sonst lasse ich dich töten!«

Der Offizier hörte das und zog langsam aus, Emelja zu holen. Im Dorf angelangt, ließ er den Ältesten kommen und sagte: »Hier hast du Geld, kaufe alles, was nötig ist, lade Emelja zum Essen ein und mache ihn betrunken, bis er einschläft.«

Der Älteste wusste, dass der König den Offizier gesandt hatte und er gehorchen musste. Er kaufte alles, was nötig war, und lud Emelja ein. Emelja kam am nächsten Tag und der Offizier erwartete ihn mit großer Freude. Der Dorfälteste gab Dummkopf zu trinken, bis er sich hinlegte und einschlief. Als der Offizier das sah, band er ihn, schleppte ihn in seine Kibitka, fuhr in die Stadt und gleich an den Hof. Die Minister meldeten es dem König, der befahl, sofort ein Fass zu bringen und es innen mit eisernen Nägeln auszuschlagen.

Gleich wurde das Fass gemacht und dem König gebracht. Der ließ seine Tochter und Dummkopf hineinsetzen und das Fass verpichen. Als das geschehen war, ließ der König unverzüglich das Fass in das Meer werfen. Dann kehrte er in seinen Palast zurück.

Das Fässchen im Meer schwamm einige Stunden umher. Dummkopf schlief die ganze Zeit, als er endlich erwachte, war es dunkel und er fragte sich: »Wo bin ich?«, denn er glaubte, allein zu sein.

Die Prinzessin antwortete: »Emelja, du bist im Fass und ich bin bei dir.«

»Wer bist du?«, fragte er.

»Ich bin des Königs Tochter«, sagte sie und erzählte ihm, was vorgefallen war, dann bat sie, er möge sie aus dem Fässchen befreien.

Aber er sagte: »Mir ist so auch warm.«

»Habe Erbarmen, Emelja, mit meinen Tränen, befreie mich aus diesem Fass!«

»Warum denn? Ich bin faul.«

Die Prinzessin bat aber neuerdings: »Habe Erbarmen, Emelja, befreie mich aus dem Fass, lasse mich nicht sterben.«

Da wurde Dummkopf von ihren Tränen gerührt und sagte: »Gut, ich will es dir zuliebe tun«, leise fuhr er fort: »Auf des Hechts Befehl und meine Bitte, Meer, wirf das Fässchen an das Ufer, auf eine trockene Stelle, nahe unserem Reich, Fässchen, spring auf, wenn wir ans Land gelangt sind.«

Kaum hatte Dummkopf das gesagt, bebte das Meer, warf das Fässchen ans Ufer, wo es von selbst zersprang. Emelja stand auf und besah mit der Prinzessin den Ort, auf dem sie gelandet waren. Es war eine wunderschöne Insel mit vielen Bäumen und Früchten. Die Prinzessin freute sich sehr darüber und fragte: »Wo werden wir wohnen, Emelja? Hier gibt es nicht einmal ein Zelt.«

»Du verlangst auch zu viel«, sagte er.

»Sei so gut, Emelja, verschaffe uns irgendein Häuschen, wo wir vor Regen Schutz finden können«, bat die Prinzessin, denn sie wusste, dass er alles machen konnte, was er wollte.

Er sagte aber: »Ich bin faul!«

Sie bat neuerdings und Emelja, gerührt von ihren Bitten, ging zur Seite und sprach: »Auf des Hechts Befehl und meine Bitte, entstehe ein Schloss inmitten der Insel, schöner als das des Königs, eine kristallene Brücke verbinde es

mit diesem und zahlreiche Dienerschaft belebe es.«

Dummkopf und die Prinzessin betraten das Schloss und er sah, dass die Zimmer prächtig geschmückt waren und viele Lakaien herumstanden, um seine Befehle entgegenzunehmen. Dummkopf merkte, dass alle Leute ordentlich aussahen, nur er war hässlich und dumm, er wollte aber besser werden, so wie die andern auch, und sagte: »Auf des Hechts Befehl und meine Bitte werde ich ein so wackrer Jüngling und so klug, dass keiner mir gleiche.«

Kaum hatte er zu Ende gesprochen, wurde er schön und so klug, dass alle staunten. Jetzt sandte Emelja einen Diener zum König, um ihn und seine Minister einzuladen. Der Bote Emeljas ritt über die kristallene Brücke, die Dummkopf herbeigewünscht hatte, und als er ankam, führten ihn die Minister zum König. Emeljas Bote sprach: »Hoher König! Mich schickt mein Herr, er bittet untertänig, ihr sollt bei ihm essen.«

Der König fragte: »Wer ist dein Herr?«

»Das darf ich nicht sagen« (Dummkopf hatte es ihm verboten), »aber es herrscht kein Geheimnis um ihn, wenn ihr dort esst, sagt er euch alles selbst.«

Der König war neugierig, wollte wissen, wer nach ihm geschickt hatte, und versprach, unbedingt zu kommen. Der Bote ging und der König mit seinen Ministern folgte sogleich nach. Bei seiner Rückkehr hatte der Bote kaum berichtet, dass der König käme, als er schon mit allen Prinzen über die Brücke geritten kam. Emelja ging dem König sogleich entgegen, fasste ihn bei der weißen Hand, küsste ihn auf den süßen Mund, führte ihn in sein weißsteinernes Schloss zu dem Eichentisch, der mit Teppichen behangen, der mit Speisen und mit Honigtrank besetzt war. Der König und die Minister aßen, tranken und wurden fröhlich, und als sie vom Tisch aufstehen wollten, fragte Dummkopf den König: »Erkennt ihr mich, gnädiger Herr?«

Da Emelja aber sehr reiche Kleidung trug und sehr schön von Angesicht war, konnte der König ihn unmöglich erkennen und sagte: »Nein, ich erkenne dich nicht.«

Dummkopf sagte: »Gnädiger Herr, entsinnt euch Dummkopfs, der auf dem Ofen zu euch gefahren kam und den ihr mit eurer Tochter in einem verpichten Fass in das Meer werfen ließt? Erkennt mich, ich bin derselbe – Emelja!«

Der König erschrak sehr, als er ihn sah und erkannte, und wusste nicht, was er tun sollte. Dummkopf brachte aber die Königstochter herbei. Der König freute sich sehr, als er sie sah, und sagte: »Emelja, ich bin sehr in deiner Schuld und gebe dir deshalb meine Tochter zur Frau.«

Dummkopf dankte ergebenst, und da alles bei ihm für die Hochzeit vorbereitet war, feierten sie dieselbe noch am selben Tag mit großer Pracht. Am nächsten Tag wurde ein herrliches Mahl für alle Minister gegeben und für das Volk wurden Fässer mit allerhand Getränken aufgestellt. Nach den Festen übergab der König sein Reich dem Dummkopf, aber der wollte es nicht haben, deshalb fuhr der König wieder in sein Königtum und Emelja blieb in seinem Schloss und lebte dort sehr glücklich.

Wassilissa die Wunderschöne

Es lebte einmal ein Kaufmann. Der war zwölf Jahre verheiratet und hatte nur eine Tochter, Wassilissa die Wunderschöne. Als die Mutter starb, war das Mädchen acht Jahre alt. Sterbend rief die Kaufmannsfrau ihre Tochter zu sich, zog unter ihrer Decke eine Puppe hervor und sagte: »Wassilissuschka, höre auf meine letzten Worte! Ich sterbe und hinterlasse dir mit meinem mütterlichen Segen diese Puppe, behalte sie stets bei dir und zeige sie niemand; wenn dir ein Unglück zustößt, gib ihr zu essen und frage sie um Rat. Wenn sie gegessen hat, wird sie dir sagen, wie deinem Kummer abzuhelfen ist.« Dann küsste die Frau ihre Tochter und starb.

Nach dem Tod der Frau trauerte der Mann, wie es sich gehörte, dann aber dachte er neuerdings ans Heiraten. Er war ein schöner Mann und an Bräuten war kein Mangel. Mehr als alle andern gefiel ihm eine Witwe. Sie war nicht mehr jung und hatte selbst zwei Töchterchen ungefähr im gleichen Alter wie Wassilissa – da musste sie wohl eine erfahrene Hausfrau und Mutter sein.

Der Kaufmann heiratete sie, doch er hatte sich getäuscht und fand in ihr keine gute Mutter für seine Tochter.

Wassilissa war die Schönste im ganzen Dorf, die Stiefmutter und die Schwestern beneideten sie deshalb und quälten sie mit aller möglichen Arbeit, damit sie hässlich würde, mager und braun von Sonne und Wind – ein hartes Leben führte das Kind. Wassilissa vollführte aber alle Arbeit, ohne zu murren, sie wurde immer schöner und voller, während die Stiefmutter und ihre

Töchter vor Missgunst immer magerer und hässlicher wurden. Und doch saßen sie immer da mit den Händen im Schoß wie Damen. Wie ging das zu?

Die Puppe half Wassilissa. Ohne sie hätte das Mädchen mit der Arbeit nicht fertig werden können. Dafür aß Wassilissa oft selbst nichts und bewahrte die schmackhaftesten Bissen auf, und wenn abends alle zur Ruhe gegangen waren, sperrte sie sich in ihrem Bodenkämmerchen ein, brachte der Puppe das Essen und sprach dabei: »Puppe, da iss und höre meinen Jammer! Ich lebe im Haus beim Väterchen und habe ein hartes Los. Die böse Stiefmutter quält mich zu Tod. Lehre mich, was muss ich tun, um dieses Leben zu ertragen?«

Die Puppe aß, gab ihr gute Ratschläge, tröstete sie und machte am nächsten Morgen alle Arbeit für sie. Wassilissa konnte spazieren gehen und Blumen pflücken, trotzdem waren die Beete beizeiten gejätet, der Kohl gegossen, das Wasser getragen, der Herd geheizt. Die Puppe lehrte sie überdies Gräser und Kräuter kennen. So war das Leben mit der Puppe schön und die Jahre vergingen. Wassilissa wuchs heran und alle Burschen des Dorfes warben um sie.

Die Töchter der Stiefmutter aber sah niemand an; da wurde die Stiefmutter noch böser als früher und antwortete allen Bewerbern: »Ich gebe die jüngere Tochter nicht vor den älteren her.« So schickte sie die Brautwerber fort und ihren Zorn ließ sie an Wassilissa mit Schlägen aus.

Einmal musste der Kaufmann in Geschäften für lange Zeit verreisen. Die Stiefmutter übersiedelte währenddessen in ein anderes Haus, das nahe an einem dichten Wald stand. In dem Wald war eine Wiese. Auf der Wiese stand eine Hütte. In der Hütte wohnte Baba Jaga, die ließ niemand zu sich herein und fraß Menschen, als wären es Hühner. Während des Umzugs sandte die Kaufmannsfrau die verhasste Wassilissa oft in den Wald, sie kehrte aber immer wohlbehalten zurück, denn die Puppe zeigte ihr die Wege, auf denen sie die Hütte Baba Jagas vermied.

So kam der Herbst. Die Stiefmutter stellte allen drei Mädchen ihre Aufgabe für den Abend: Eine musste Spitzen klöppeln, die zweite Strümpfe stricken und Wassilissa spinnen, jede eine bestimmte Menge. Die Mutter löschte das Feuer im ganzen Haus und ließ nur dort, wo die Mädchen arbeiteten, eine Kerze brennen. Sie selbst legte sich schlafen. Die Mädchen arbeiteten. Die Kerze brannte herunter und eine von Stiefmutters Töchtern nahm die Schere, als wollte sie den Docht richten. Auf Befehl der Stiefmutter löschte sie dabei das Licht, wie aus Versehen.

»Was soll jetzt geschehen?«, fragten die Mädchen einander. »Im ganzen Haus brennt kein Feuer und unsere Arbeit ist noch nicht beendet. Wir müssen Feuer bei Baba Jaga holen!«

»Mir leuchten die Stecknadeln, ich gehe nicht«, sagte die, welche klöppelte.

»Ich gehe auch nicht«, sagte die zweite, »mir geben die Stricknadeln Licht genug.«

»Du musst um Feuer gehen«, riefen beide, »gehe zu Baba Jaga.« Dabei stießen sie Wassilissa aus der Stube.

Wassilissa ging in ihr Kämmerchen, setzte Essen vor ihre Puppe und sagte: »Puppe, da iss und höre meinen Jammer. Sie schicken mich zu Baba Jaga um Feuer. Baba Jaga wird mich fressen.« Die Puppe aß, ihre Augen glänzten wie zwei Lichter und sie sprach: »Fürchte dich nicht, Wassilissuschka! Tue, was sie dir sagen: nur nimm mich mit dir. Solange ich dabei bin, tut dir Baba Jaga nichts.« Wassilissa steckte die Puppe in ihre Tasche, bekreuzigte sich und ging unter Zittern in den finstern Wald.

Plötzlich jagte ein Reiter an ihr vorbei, der war ganz weiß; weiß auch sein Kleid, sein Pferd und die Zügel – da wurde es Licht. Sie ging weiter, da sprengte plötzlich ein anderer Reiter vorbei, der war ganz rot; rot auch sein Pferd und seine Kleider – da ging die Sonne auf. Wassilissa ging die ganze Nacht und den ganzen Tag, erst am nächsten Abend kam sie auf die Wiese, wo Baba Jagas Hütte stand. Der Zaun um die Hütte war aus Menschenknochen, auf den Pfählen ragten Totenschädel mit leeren Augen, statt der Angeln am Tor waren

104

Füße, anstatt der Riegel Hände, anstelle des Schlosses ein Mund mit scharfen Zähnen angebracht. Vor Schreck blieb Wassilissa wie angewurzelt stehen. Plötzlich sprengte wieder ein Reiter des Weges, der war ganz schwarz, schwarz auch sein Pferd und seine Kleider. Er sprengte zum Tor und verschwand, als hätte ihn die Erde verschluckt – da wurde es Nacht. Die Dunkelheit dauerte aber nicht lange, in allen Totenschädeln des Zaunes erglühten die Augen, davon ward es auf der Wiese hell wie bei Tag. Wassilissa zitterte vor Angst, blieb aber stehen, da sie nicht wusste, wohin sie entfliehen könnte. Auf einmal erhob sich im Wald ein schrecklicher Lärm. Die Bäume krachten, die trockenen Blätter raschelten.

Aus dem Wald fuhr Baba Jaga nach Hause in ihrem Mörser, trieb ihn an mit dem Stößel und verwischte ihre Spur mit dem Besen. Bei dem Tor hielt sie an, schnupperte ringsum und rief. »Pfui, pfui, hier riecht es nach Russen! Wer ist da?«

Angsterfüllt trat Wassilissa zu ihr hin, verneigte sich tief und sagte: »Ich bin es, Mütterchen, Stiefmutters Töchter schickten mich zu dir um Feuer.«

»Schon gut«, sagte Baba Jaga, »ich kenne sie, bleibe bei mir und arbeite für mich, dann gebe ich dir Feuer, sonst aber fresse ich dich.« Dann wandte sie sich an das Tor und rief »He, meine starken Riegel, geht zurück, mein starkes Tor, spring auf!« Das Tor sprang auf und sausend fuhr Baba Jaga hinein, Wassilissa hinterdrein. Dann schlug das Tor wieder zu. Im Zimmer reckte sich Baba Jaga und sagte zu Wassilissa: »Gib her, was im Ofen steht, ich will essen!«

Wassilissa entzündete einen Kienspan an den Totenschädeln am Zaun und holte Jaga das Essen aus dem Ofen herbei, das hätte für ein gutes Dutzend Menschen gereicht. Aus dem Keller holte sie Kwass, Honig, Bier und Wein. Die Alte aß und trank alles auf. Für Wassilissa blieb nur ein Restchen Kohlsuppe, ein Rändchen Brot und ein Stückchen Schweinefleisch. Baba Jaga legte sich schlafen und sagte zu Wassilissa: »Morgen, wenn ich fortfahre, reinige den Hof und fege die Hütte, richte das Essen und wasche die Wäsche, gehe auf den Boden, hol dir ein Viertel Weizen und lies ihn aus, sieh zu, dass du fertig wirst, eh ich nach Hause komme, sonst fress ich dich auf!« Und kaum hatte sie diese Befehle erteilt, begann sie zu schnarchen.

Wassilissa stellte die Reste des Essens vor die Puppe und sagte: »Puppe, da iss und höre meinen Jammer! Schwere Aufgaben stellte mir Baba Jaga und droht, mich aufzufressen, wenn ich nicht alles ausführe. Hilf mir!«

»Fürchte dich nicht, Wassilissa, du Wunderschöne. Iss, bete und lege dich schlafen. Der Morgen ist klüger als der Abend!«

Früh am nächsten Morgen erwachte Wassilissa. Baba Jaga war schon aufgestanden und schaute zum Fenster hinaus. In den Totenschädeln verglommen die Augen, da jagte der weiße Reiter vorbei und es wurde hell. Baba Jaga trat in den Hof und pfiff und gleich erschien der Mörser mit Stößel und Besen, da jagte der rote Reiter vorbei und die Sonne ging auf. Baba Jaga setzte sich in ihren Mörser und fuhr davon, mit dem Stößel trieb sie den Mörser an und verwischte die Spur mit dem Besen.

Wassilissa blieb allein zurück, besah das Haus Baba Jagas, staunte über all den vorhandenen Reichtum und überlegte, mit welcher Arbeit sie beginnen sollte. Aber siehe da, alle Arbeit war schon gemacht. Die Puppe las eben die letzten Weizenkörner aus.

»Oh, du meine Retterin«, sagte Wassilissa, »du hilfst mir aus großer Not.«

»Du musst nur noch das Essen bereiten«, entgegnete die Puppe und kletterte wieder in Wassilissas Tasche zurück. »Bereite es mit Gottes Hilfe und warte ruhig.«

Abends deckte Wassilissa den Tisch und erwartete Baba Jaga. Es dämmerte, da jagte der schwarze Reiter vorbei – gleich wurde es ganz dunkel, nur die Augen der Schädel glühten. Die Bäume zitterten, die Blätter raschelten – Baba Jaga fuhr herein und Wassilissa trat ihr entgegen.

»Hast du alles gemacht?«, fragte Jaga.

»Sieh selbst nach, Großmütterchen«, sagte Wassilissa.

Baba Jaga sah alles nach, ärgerte sich ein wenig, dass sie nichts zu tadeln fand, und sagte: »Schon gut.« Dann rief sie: »Treue Diener, Herzensfreunde, mahlt meinen Weizen!«

Da erschienen drei Paar Hände, ergriffen den Weizen und trugen ihn fort.

Baba Jaga aß und erteilte Wassilissa vor dem Einschlafen wieder Befehle: »Tue morgen dasselbe wie heute, aber außerdem nimm noch den Mohn, der auf dem Boden steht, und reinige ihn von der Erde, jedes Körnchen! Jemand hat aus Bosheit Erde darunter gemischt!« Kaum hatte die Alte das gesagt, so kehrte sie sich zur Wand und schnarchte.

Wassilissa fütterte sogleich ihre Puppe. Die Puppe aß und sagte wie gestern: »Bete und lege dich schlafen; der Morgen ist klüger als der Abend – alles wird gemacht sein, Wassilissuschka!«

Am Morgen fuhr Baba Jaga wieder fort und Wassilissa machte mithilfe der Puppe die Arbeit fertig. Die Alte kam zurück, besichtigte alles und rief: »Treue Diener, Herzensfreunde, holt den Mohn und presst das Öl heraus!« Da kamen drei Paar Hände, ergriffen den Mohn und schleppten ihn davon. Baba Jaga setzte sich zum Essen und Wassilissa stand schweigend neben ihr.

»Warum sprichst du nichts, sondern stehst da wie stumm?«, fragte Jaga.

»Ich traute mich nicht, aber wenn du es erlaubst, möchte ich gerne etwas fragen.«

»Frage, doch nicht jede Frage führt zum Guten. Viel wissen macht alt!«

»Ich möchte dich nur über etwas befragen, was ich sah, Großmütterchen. Als ich zu dir ging, überholte mich ein weißer Reiter in weißem Gewand auf weißem Pferd, wer war das?«

»Der helle Tag!«

»Dann überholte mich ein roter Reiter auf rotem Pferd in roten Kleidern, wer war das?«

»Die rote Sonne!«

»Was bedeutet der schwarze Reiter, der mich gerade vor deinem Tor überholte, Großmütterchen?«

»Das war die dunkle Nacht. – Das sind meine treuen Diener!«

»Wassilissa dachte an die drei Paar Hände und schwieg.

»Weshalb fragst du nicht weiter?«, forschte Baba Jaga.

»Ich weiß genug, du sagst ja selbst, vieles wissen – macht alt.«

»Es ist gut, dass du nur nach Dingen fragst, die du im Wald sahest, und nicht nach Dingen, die auf meinem Hof sind, ich mag nicht, dass man den Kehricht aus meiner Hütte forträgt, und die allzu Wissbegierigen fresse ich. Jetzt aber frage ich: Wieso bringst du alle die Arbeit fertig, die ich dir auftrage?«

»Mir hilft meiner Mutter Segen.«

»So! Dann packe dich von hinnen, gesegnete Tochter! Ich mag die Gesegneten nicht!« Sie schleppte Wassilissa aus der Stube und stieß sie zum Tor hinaus, nahm einen Totenschädel mit brennenden Augen vom Zaun, steckte ihn auf einen Stab, gab ihn ihr und sagte: »Da hast du Feuer für die Töchter der Stiefmutter, sie sandten dich ja deshalb zu mir.«

Wassilissa lief beim Licht des Totenschädels, der erst am Morgen erlosch, heimwärts. Am Abend des nächsten Tages erreichte sie das Haus. Jetzt wollte sie den Schädel wegwerfen, da hörte sie eine dumpfe Stimme in dem hohlen Totenkopf sprechen: »Wirf mich nicht weg, bring mich der Stiefmutter!« Sie sah auf das Haus ihrer Stiefmutter und erblickte in keinem Fensterchen Licht, da entschloss sie sich, mit dem Totenschädel einzutreten. Sie wurde

freundlich empfangen und die Schwestern erzählten ihr, dass seit der Zeit, da sie fort war, im Haus bei ihnen kein Feuer gewesen sei. Selbst konnten sie keines schlagen und das der Nachbarn verlosch, sowie man es in die Stube brachte.

»Vielleicht wird dein Feuer brennen!«, sagte die Stiefmutter.

Sie trugen den Totenkopf in die Stube und die brennenden Augen blickten die Stiefmutter und ihre Töchter derart an, dass es sie versengte! Sie konnten sich verstecken, wo sie wollten, die Augen folgten ihnen überall hin; am Morgen waren sie ganz zu Kohlen verbrannt, nur Wassilissa war übrig geblieben.

Wassilissa vergrub den Totenkopf in der Erde, sperrte das Haus ab und ging in die Stadt. Sie bat dort eine arme alte Frau, ihr bis zu der Heimkehr ihres Vaters Unterkunft zu gewähren. Einmal sagte sie der Alten: »Mütterchen, müßig dazusitzen langweilt mich! Gehe hin und kaufe mir vom allerbesten Flachs, ich will spinnen.«

Die Alte kaufte guten Flachs. Wassilissa machte sich an die Arbeit und flink ging sie ihr von der Hand, dabei ward der Faden glatt und fein wie Härlein. Als sie viel Gespinst beisammen hatte und es an der Zeit war, zu weben, fand sich kein Kamm, der für Wassilissas Gespinst genügt hätte. Niemand wollte das Weben übernehmen; da wandte sie sich an ihre Puppe, die sprach: »Bringe mir irgendeinen alten Kamm, ein altes Schiffchen und eine Pferdemähne, ich mache es dir.«

Wassilissa ging zu Bett und die Puppe baute in der Nacht einen herrlichen Webstuhl. Zu Ende des Winters war das Linnen gewebt, es war so fein, dass man es wie einen Faden durch ein Nadelöhr ziehen konnte. Im Frühjahr bleichten sie das Linnen und Wassilissa sagte zur Alten: »Verkaufe das Gewebe und behalte das Geld für dich.«

Die Alte besah die Ware und bewunderte sie: »Ach, Kindchen, außer dem Zaren kann niemand solches Linnen tragen. Ich bringe es an den Hof.«

Die Alte ging zum Zarenpalast und ging vor dem Fenster immerfort auf und ab.

Der Zar sah sie und fragte: »Alte, was willst du?«

»Großmächtiger Zar, ich brachte eine wundervolle Ware, die will ich niemand zeigen außer dir.«

III

Der Zar befahl, dass man die Alte vorlasse, kaum hatte er das Linnen gesehen, bewunderte er es sehr. »Was willst du dafür?«, fragte er.

»Es hat keinen Preis, Väterchen Zar, ich mache es dir zum Geschenk.«

Der Zar bedankte sich und entließ sie reich belohnt. Nun wollte der Zar Hemden aus der Leinwand nähen lassen, aber er konnte keine Näherin finden, welche die Arbeit übernehmen wollte. Lange suchte der Zar, endlich ließ er die Alte kommen und sagte: »Wenn du dieses Linnen spinnen und weben konntest, so kannst du mir auch ein Hemd daraus nähen.«

»Nicht ich konnte das Linnen weben und spinnen«, sagte die Alte, »sondern ein Mädchen, das ich bei mir aufgenommen habe.«

»Ei, dann soll sie die Hemden daraus nähen«

Die Alte ging nach Hause und erzählte Wassilissa alles.

»Ich wusste, dass diese Arbeit mir zufallen musste«, sagte Wassilissa, sperrte sich in ihr Stübchen ein, machte sich an die Arbeit und legte die Hände nicht eher in den Schoß, als bis sie ein Dutzend Hemden fertig hatte.

Die Alte brachte dem Zaren die Hemden und Wassilissa wusch und kämmte sich, kleidete sich an und setzte sich ans Fenster. So saß sie und wartete.

Da kam ein Diener des Zaren, trat in die Stube und sagte: »Der Zar will die Künstlerin sehen, die ihm die Hemden nähte, und sie mit eigener Hand belohnen.«

Wassilissa die Wunderschöne ging zum Zaren. Als er sie erblickte, verliebte er sich über alle Maßen in sie »Nein, du Schönheit! Ich trenne mich nicht mehr von dir; du wirst meine Frau.« Der Zar nahm Wassilissa bei ihren weißen Händen, setzte sie neben sich und ließ zur Hochzeit aufspielen.

Wassilissas Vater kehrte bald darauf zurück, freute sich über ihr Glück und blieb bei der Tochter wohnen. Wassilissa nahm auch die Alte zu sich und die Puppe blieb stets in ihrer Tasche.

Von dem Bauern, der gewandt zu lügen verstand

Es war einmal ein Herrscher, der liebte es, wenn ihm einer was vorlog. Er stellte einen tiefen Teller voll Gold auf den Tisch und legte ein Schwert daneben. »Wenn der Zar sagt, du lügst, Bruder – dann nimm das Gold; vergisst sich der Zar bei der Erzählung aber nicht und sagt er nicht, dass du lügst, muss dein Kopf herunter!«

Ein alter Bauer, der sich ordentlich angetrunken hatte, beschloss zum Herrscher zu gehn und nicht so viel zu lügen, als die Wahrheit zu sagen und auf diese Art das Gold zu erlangen. Als er hinkam, gab es beim Zaren gerade ein großes Festmahl und die Würdenträger hatten sich versammelt. Man meldete, dass ein Alter gekommen sei, bei ihrem Gelage zu lügen; der Herrscher freute sich sehr darüber. Es wurde befohlen, eine Schüssel mit Gold vollzuschütten und das Schwert daneben zu legen, und dann fing der Alte an, sein erstes Stückchen zu erzählen.

»Gestern fuhr ich hinaus, um das Feld fürs Sommergetreide zu pflügen; mein Pferd war schwach, schon früh spannte ich es aus. Da schwankte das Pferd hin und her und brach in zwei Hälften auseinander; das Vorderteil lief nach Hause, das Hinterteil blieb auf dem Felde und wieherte.«

Da sagten die Würdenträger: »Der Bauer lügt!«

Der Zar jedoch meinte: »Schlau ist der Bauer, bringt alles zustande.«

»Ich trieb das Hinterteil zum Vorder-

teil heran, nähte sie mit Bast zusammen und keilte sie mit einem Weidenpfahl fest; dann legte ich mich hin, um auszuruhen. Als ich erwachte, war die Weide auf meinem Pferde in die Höhe geschossen, aber nicht bloß etwa so hoch, sondern hinauf bis in den Himmel. Da kam es mir in den Sinn, an der Weide in den Himmel zu klettern.«

Die Würdenträger sagten: »Der Bauer lügt! Kann denn ein Baum bis in den Himmel wachsen?«

Aber der Herrscher meinte: »Schlau ist der Bauer, bei ihm ist alles möglich.«

»Und ich stieg hinauf in den Himmel …«

»Hast du auch den Herrgott dort gesehen?«, fragten gleich die Großen des Reichs.

»Jawohl.«

»Was macht er denn dort?«

»Er spielt mit seinen Jüngern Karten.«

Die Würdenträger meinten, dass der Bauer lüge, der Herrscher aber sagte: »Ihr könnt doch mit mir Karten spielen, da kann Gott es auch mit seinen Jüngern tun.«

Die Großen jedoch erwiderten: »Das ist nicht wahr: Der Herrgott gibt sich damit nicht ab.«

Der Zar aber meinte, der Bauer sei schlau, bei ihm sei alles möglich.

»Als ich dort herumging, wurde es Zeit, das Pferd wieder anzuspannen; ich wollte auf die Erde hinuntersteigen, doch die Weide, die auf dem Pferde gewachsen war, war verdorrt und zusammengebrochen, und mein Vesperbrot musste für die Vorübergehenden liegen bleiben. Ich ging aber im Himmel umher und sah, wie ein reicher Bauer seinen Hafer worfelte. Die Spreu flog bis zum Himmel hinauf, ich fing sie und setzte mich hin, um ein Seil zu drehen.«

Da sagten die großen Herren: »Was lügt der Bauer: Kann man denn aus Spreu Seile drehen?«

Der Zar jedoch meinte: »Schlau ist der Bauer, bringt alles zustande.«

»Dann band ich dieses Seil am Himmel fest und ließ mich an ihm hinunter; doch ich kam nur bis auf hundert Werst zur Erde, nicht weiter, denn das Seil war zu kurz. Ich schnitt es oben ab und setzte es unten an.«

Die Würdenträger riefen: »Lügen tut der Bauer! Wie kann man es oben abschneiden und unten ansetzen? Er wäre ja hinuntergefallen.«

Der Zar aber meinte: »Schlau ist der Bauer, bringt alles zustande.«

»Dann kletterte ich weiter, doch der Strick war noch immer zu kurz, aber nicht mehr als um hundert Faden. Da glaubte ich, abspringen zu können, war zu faul, das Seil nochmals abzuschneiden, fiel gerade in ein Roggenfeld hinein und stak nun bis zum Hals in der Erde, sodass ich nicht herauskriechen konnte. Da ging ich ins Dorf, holte einen Spaten und grub mich aus.«

Die Großen sagten: »Der Bauer lügt: Wie hat er sich denn freigemacht, wenn er bis zum Halse drinstak? Und warum ist er denn ins Dorf nach dem Spaten gegangen? Er brauchte ihn doch nicht; lügen tut er!«

Der Zar aber meinte: »Schlau ist der Bauer, bringt alles zustande.«

»Dann stieg ich in den Fluss, wusch mich und wanderte in ein weites Tal, wo ein Hirte seine Schafe weidete. Ich sagte zu ihm: ›Guten Tag, lieber Schäfer!‹ Er aber antwortete: ›Bin kein Schäfer, sondern bin des Zaren Vater!‹«

Da rief jedoch der Herrscher aus: »Du lügst, guter Freund: Mein Vater hat keine Schafe gehütet!«

»Wer aber Lügen konnte sagen, Eure Majestät, der darf das Gold heimtragen.«

Die zwölf Monate

In einem Dorfe lebte eine böse, geizige Frau mit Tochter und Stieftochter. Die Tochter war ihr Liebling, aber die Stieftochter konnte ihr nichts recht machen. Was sie auch tat – nie war es das Richtige, wohin sie sich auch wenden mochte – nie war es die richtige Seite. Die Tochter sielte sich ganze Tage lang auf dem Pfühl herum und aß Pfefferkuchen, doch die Stieftochter fand von früh bis abends keine Zeit, sich einmal auszuruhen; bald musste sie Wasser schleppen oder Reisig aus dem Walde holen, bald Wäsche am Bach waschen oder in den Gartenbeeten Unkraut jäten.

Sie wusste ein Lied davon zu singen, was Winterkälte heißt und Sommerhitze und Frühlingswind und Herbstregen. Daher kam es wohl auch, dass sie einmal alle zwölf Monate zugleich zu sehen bekam.

Es war Winter, im Monat Januar. Schnee war in solchen Mengen gefallen, dass man ihn vor der Tür mit Spaten fortschaufeln musste. Im Walde auf dem Berge standen die Bäume bis zur halben Höhe in Schneehaufen und konnten nicht einmal im Winde schwanken.

Die Menschen saßen in den Häusern und heizten die Öfen ein.

In solcher Zeit öffnete die böse Stiefmutter eines Abends die Tür, beobachtete, wie der Sturm den Schnee vor sich hinfegte, kehrte zum warmen Ofen zurück und sagte zur Stieftochter: »Du könntest mal in den Wald gehen und dort Schneeglöckchen suchen. Morgen hat deine Schwester Namenstag.«

Das Mädchen sah die Stiefmutter an: Scherzte sie oder schickte sie es wirklich in den Wald? Im Walde war es jetzt zum Fürchten! Und wieso Schneeglöckchen mitten im Winter? Vor März kommen sie nicht zum Vorschein, vorher kann man lange suchen. Man kommt nur um im Walde, versinkt in den Schneewehen.

Doch die Schwester sagte zu ihr: »Wenn du auch umkommst, wer wird schon um dich weinen! Marsch, geh los und komme nicht ohne Blumen zurück. Hier hast du einen Korb.«

Das Mädchen hüllte weinend ein zerrissenes Tuch um sich und ging aus der Tür.

Der Wind stäubte ihr den Schnee in die Augen und riss ihr das Tuch von den Schultern. Mühsam ging sie weiter und vermochte kaum, die Füße aus den Schneehaufen zu ziehen. Immer dunkler wurde es ringsum. Der Himmel war schwarz. Kein einziges Sternlein blinkte vom Himmel auf die Erde. Hier unten war es etwas heller, weil es geschneit hatte.

Jetzt kam sie in den Wald. Hier war es völlig finster. Man sah nicht die Hand vor den Augen. Die Kleine setzte sich auf einen umgestürzten Stamm und blieb dort sitzen. »Ganz gleich«, dachte sie, »wo ich erfriere!«

Plötzlich schimmerte in der Ferne zwischen den Bäumen ein Licht, es sah aus, als ob sich ein Stern in den Zweigen verfangen habe.

Das Mädchen stand auf und stapfte auf das Licht zu; versank in den Schneehaufen, kletterte über umgebrochene Bäume. »Wenn nur das Licht nicht verlischt!«, dachte sie. Und es erlosch nicht, es leuchtete immer heller. Schon roch es nach warmem Rauch und man hörte Reisig im Feuer prasseln.

Die Kleine beschleunigte den Schritt und trat auf eine Lichtung hinaus. Wie erstarrt blieb sie stehen.

Auf der Lichtung war es so hell, als schiene die Sonne. In ihrer Mitte brannte ein großes Lagerfeuer. Die Flammen schlugen beinahe zum Himmel. Rund um das Feuer saßen Leute – die einen näher am Holzstoß, die anderen weiter weg. Sie unterhielten sich leise.

Das Mädchen sah sie an und dachte: »Wer mögen sie sein? Wie Jäger sehen sie nicht aus und mit Holzfällern haben sie noch weniger Ähnlichkeit, denn sie tragen prächtige Gewänder: einer ein silbernes, einer ein goldenes und ein anderer hat einen Rock aus grünem Samt an!«

Es begann, sie zu zählen, und kam auf zwölf: drei alte, drei bejahrte, drei junge und die letzten drei waren noch ganz jung. Die Jungen saßen dicht am Feuer, die Alten entfernter.

Plötzlich wandte sich einer der Alten um – der größte, bärtige, mit dichten Brauen – und schaute in die Richtung, wo das Mädchen stand.

Die Kleine erschrak, wollte davonlaufen, aber zu spät. Der Alte fragte sie mit lauter Stimme: »Woher kommst du? Was hast du hier zu suchen?«

Sie deutete auf den leeren Korb und sagte: »Ich soll das Körbchen voller Schneeglocken pflücken.«

Der Alte lachte. »Im Januar Schneeglöckchen! Da hast du dir was ausgedacht!«

»Nicht ich habe es ausgedacht«, antwortete das Mädchen, »sondern meine Stiefmutter hat mich zum Pflücken der Schneeglöckchen hergeschickt und hat mir befohlen, nicht mit leeren Händen heimzukommen.«

Alle zwölf schauten sie prüfend an. Dann begannen sie, unter sich zu sprechen.

Das Mädchen stand da, lauschte, verstand aber kein Wort – es war, als ob nicht Menschen miteinander sprachen, sondern als ob Bäume rauschten. Sie redeten und redeten und verstummten.

Der große Alte wandte sich abermals um und fragte: »Was wirst du denn tun, wenn

du keine Schneeglöckchen findest? Vor Monat März kommen sie ja nicht ans Licht.«

»Ich bleibe im Walde«, sagte das Mädchen, »und warte auf den März. Lieber will ich erfrieren als ohne Schneeglöckchen nach Hause kommen.« Bei diesen Worten schluchzte sie bitterlich.

Plötzlich erhob sich einer von den zwölfen, ein ganz junger, lustiger Geselle, der den Pelz auf der linken Schulter trug, und ging zu dem Alten.

»Bruder Januar, überlasse mir deinen Platz für eine Stunde!«

Der Alte strich über seinen langen Bart und sagte: »Ich würde ihn dir überlassen, aber März kann es nicht vor Februar sein.«

»Schon gut!«, brummte ein anderer Alter, ganz zerzaust, mit zotteligem Bart. »Überlasse ihm den Platz, ich werde nicht streiten. Wir kennen die Kleine alle gut: Bald trifft man sie mit Eimern beim Eisloch, bald im Walde mit einer Tracht Holz ... Allen Monaten ist sie zugehörig. Man muss ihr helfen.«

»Nun, wie du willst!«, sagte der Januar.

Er stampfte mit seinem Eisstab auf den Boden und sagte beschwörend:

»Klirrende Fröste, eisige Winde,
hebt euch von dannen!
Brecht keine Bäume,
    zerrt nicht die Rinde
von Birken und Tannen!
Habt mit den Raben Erbarmen
und allen anderen Tieren.
Lasset die Menschen, die armen,
nicht in den Stuben erfrieren!«

Der Alte schwieg. Es wurde still im Walde. Die Bäume zersprangen nicht mehr krachend vor Frost, der Schnee begann, dicht, mit großen, weichen Flocken zu fallen.

»Nun, jetzt bist du an der Reihe, Brüderchen!«, sagte der Januar und übergab den Stab seinem jüngeren Bruder, dem zerzausten Februar.

Der stieß mit dem Stab auf den Boden, wackelte mit dem Bart und brummte:

»Orkane, Stürme braust!
Tobt mit aller Macht.
Wirbelwinde saust
bis zur tiefen Nacht!
Dröhnet in der Höh',
schmettert wie die Riesen,
weht und fegt den Schnee
wie Schlänglein über Wiesen!«

Sobald er es gesagt hatte, rauschte in den Zweigen ein ungestümer, feuchter Wind. Schneeflocken tanzten wild, weiße Wirbel fegten über die Felder.

Der Februar übergab seinen Eisstab dem jüngeren Bruder und sagte: »Jetzt bist du an der Reihe, Brüderchen März!«

Der jüngere Bruder nahm den Stab und pochte mit ihm gegen die Erde.

Das Mädchen sah, dass es kein Eisstab mehr war, sondern ein großer, ganz mit Knospen bedeckter Zweig.

Der März lachte und sang mit lauter, jugendfrischer Stimme:

»Rinnet, ihr Bäche,
werdet zur Fläche.
Ameisen, macht euch bereit
nach der grimmen Winterszeit!
Der Bär lässt sich ins Freie locken,
die Vögel schmettern Lieder.
Im Schnee, da sprießen weiße Glocken,
sie blühen und lächeln wieder.«

Das Mädchen klatschte vor Freude in die Hände. Wohin waren die hohen Schneehaufen entschwunden? Wo waren die Eiszapfen hingekommen, die an jedem Ast gehangen hatten?

Unter den Füßen – weiche Frühlingserde. Ringsum tropft es, fließt es, rieselt es. Die Knospen an den Zweigen sind geschwellt und schon blicken unter der dunklen Schale die ersten grünen Blättchen hervor.

Das Mädchen schaut, schaut und kann sich nicht sattsehen.

»Was stehst du da herum?«, sagte der Monat März zu ihr. »Tummle dich, meine Brüder haben dir nur ein einziges Stündchen geschenkt.«

Die Stieftochter blickte um sich und eilte in den Wald, um Schneeglöckchen zu suchen. Ihrer gab es unübersehbar viele! Unter Büschen und unter Steinen, auf Mooshügeln und unter Mooshügeln – wohin man blickte. Sie pflückte den Korb und die Schürze voll und rannte schnell auf die Lichtung zurück, wo das Feuer gebrannt und die zwölf Brüder gesessen hatten.

Aber dort gab es kein Lagerfeuer, keine Brüder mehr … Es war hell auf der Lichtung, aber nicht wie zuvor. Nicht vom Feuer kam das Licht, sondern vom Vollmond, der über dem Wald aufgegangen war.

Dem Mädchen tat es leid, dass keiner mehr da war, dem es danken konnte; es eilte heim. Und der Mond schwamm hinter ihm her.

Ohne die Füße unter sich zu spüren, rannte das Mädchen bis zu seiner Tür. Kaum betrat es das Haus, da heulte der Schneesturm wieder vor den Fenstern und der Mond verbarg sich in den Wolken.

»Nun«, fragten Stiefmutter und Schwester, »bist du schon wieder da? Und wo sind die Schneeglöckchen?«

Die Stieftochter gab keine Antwort, schüttete nur die Schneeglöckchen aus der Schürze auf die Bank und stellte das Körbchen daneben.

Stiefmutter und Schwester staunten.

»Woher hast du sie?«

Da erzählte ihnen das Mädchen, was es erlebt hatte. Die beiden vernahmen es und schüttelten die Köpfe – glaubten es und glaubten es wieder nicht. Es war auch schwer zu glauben, aber dort auf der Bank lag tatsächlich ein ganzer Haufen frischer, bläulich weißer Schneeglöckchen; es roch nach Märzluft.

Stiefmutter und Tochter wechselten Blicke miteinander und fragten: »Mehr haben dir die Monate nicht gegeben?«

»Ich habe ja um nichts mehr gebeten.«

»Da sieht man, was du für eine Närrin bist!«, sagte die Schwester. »Trifft auf alle zwölf Monate zugleich und erbittet nichts als Schneeglöckchen! Wäre ich an deiner Stelle gewesen, ich hätte gewusst, was ich erbeten wollte. Bei dem einen Monat Äpfel und süße Birnen, beim zweiten reife Erdbeeren, beim dritten weiße Pilze, beim vierten frische Gurken!«

»Klug bist du, mein Töchterchen!«, lobte die Mutter. »Im Winter stehen Erdbeeren und Birnen hoch im Preis. Hätten wir sie verkauft, wie viel Geld würden wir gescheffelt haben! Und diese Närrin bringt Schneeglöckchen angeschleppt! Ziehe dir was Warmes an, Töchterchen, und laufe zur Lichtung. Dir werden sie nichts vormachen, wenn sie auch zu zwölft sind und du allein bist.«

»Die sollen mir nur kommen!«, antwortete die Tochter und schon schlüpfte sie in die Ärmel und band ein Tuch um den Kopf. Die Mutter schrie ihr nach: »Zieh Handschuhe an! Knöpfe den Pelz zu!«

Doch die Tochter war schon vor der Tür und lief zum Wald.

Sie ging auf den Spuren der Schwester und beeilte sich. Nur so schnell wie möglich zur Lichtung gelangen, dachte sie.

Der Wald wurde immer dichter, immer finsterer, die Schneewehen wuchsen immer höher, das Gestrüpp der gestürzten Bäume stand wie eine Mauer vor ihr.

»Ach«, dachte die Tochter der bösen Mutter. »Warum bin ich nur in den Wald gelaufen! Ich könnte jetzt so bequem im warmen Bett liegen. Aber nun lauf und erfriere! Ich werde hier noch umkommen.«

Als sie dies dachte, sah sie in der Ferne ein Licht schimmern – als ob sich ein Sternlein in den Zweigen verfangen habe.«

Sie hielt auf den Lichtschein zu. Nachdem sie lange gelaufen war, gelangte sie zur Lichtung. Mitten darin flammte ein großes Lagerfeuer und rings um den brennenden Holzstoß saßen die zwölf Brüder, die zwölf Monate. Saßen da und sprachen leise miteinander.

Die Tochter trat zum Feuer heran, aber sie verbeugte sich nicht und sagte kein höfliches Wort, sondern suchte sich den besten Platz und wärmte sich.

Die Brüder Monate schwiegen. Still wurde es im Walde. Plötzlich stieß der Monat Januar mit dem Stab auf die Erde.

»Wer bist du?«, fragte er. »Woher kommst du?«

»Von zu Hause«, antwortete die Tochter der bösen Frau. »Ihr habt heute meiner Schwester ein ganzes Körbchen Schneeglöckchen gegeben. Da bin ich halt ihren Spuren gefolgt.«

»Deine Schwester kennen wir«, sagte der Monat Januar. »Aber du bist uns noch nicht vor die Augen gekommen. Was führt dich zu uns her?«

»Geschenke will ich von euch haben. Der Monat Juni soll mir Erdbeeren ins Körbchen schütten, aber möglichst große. Der Monat Juli frische Gurken und weiße Pilze, der August Äpfel und süße Birnen. Und der September reife Nüsse. Und der Oktober …«

»Warte!«, sagte der Monat Januar. »Der Sommer kommt nie vor dem Frühling und der Frühling folgt immer dem Winter. Bis zum Monat Juni dauert es noch lange. Jetzt bin ich Herr im Walde, einunddreißig Tage werde ich hier herrschen.«

»Guck einer den zornigen Herrn an!«, sagte die Tochter der bösen Mutter. »Aber ich bin auch nicht zu dir gekommen – von dir ist nichts anderes zu erwarten als Schnee und Eis. Ich brauche die Sommermonate.«

Da verfinsterte sich der Monat Januar. »Suche den Sommer im Winter!«, sagte er.

Er schwenkte den Arm, holte weit aus und im Walde erhob sich ein Schneesturm von der Erde bis in den Himmel, hüllte Wald und Wiese, wo die Brüder saßen, in dichtes Gewölk. Man sah vor Schnee kein Lagerfeuer mehr, hörte nur das Feuer zischen, knistern und zerstieben.

Da erschrak die Tochter der bösen Mutter. »Aufhören!«, schrie sie. »Es reicht.«

Aber wie!

Der Schneesturm umwirbelt sie, blendet sie, nimmt ihr den Atem. Sie versinkt in einem Schneehaufen und der Schnee schüttet sie zu.

Die Mutter wartete, wartete auf ihre Tochter, schaute durch das Fenster, trat vor die Tür – sie kam und kam nicht. Da zog sie sich warm an und ging in den Wald. Aber da finde mal jemanden im Dickicht, bei solchem Schneesturm und in solcher Finsternis!

Sie ging, ging, suchte, suchte, bis sie schließlich selbst erfror.

So blieben also beide im Walde und warteten auf den Sommer.

Die Stieftochter hingegen lebte noch lange auf Erden, wurde erwachsen, heiratete und bekam Kinder.

Und rings um ihr Haus, sagt man, zog sich ein Garten – aber ein so wunderbarer, wie ihn die Welt noch nicht gesehen hat. Früher als bei allen anderen blühten in diesem Garten die Blumen, reiften die Beeren, stieg der Saft in die Äpfel und Birnen. In der Hitze war es dort kühl, im Schneetreiben still.

»Bei dieser Hausfrau sind alle zwölf Monate gleichzeitig zu Gast!«, sagten die Menschen.

Wer weiß, vielleicht war es so.

Samuil Marschak

Siebenjahr

Es waren einmal zwei Brüder, ein reicher und ein armer. Der arme wurde Witwer und seine Frau ließ ihm ein Töchterchen zurück, das stand im siebenten Jahr, darum nannte man es Siebenjahr.

Der Reiche schenkte Siebenjahr ein armseliges Kälbchen und sie tränkte, fütterte und pflegte es. Und aus dem Kälbchen ward eine prächtige Kuh, die brachte ein Kalb mit goldenen Hufen zur Welt.

Da kamen die Töchter des reichen Onkels zu Besuch und sahen das Kalb; dann gingen sie fort und sagten es dem Vater. Der Reiche wollte sich das Kalb aneignen, aber der Arme gab es nicht her. Sie stritten und stritten miteinander, gingen zum Wojewoden und baten, ihren Handel zu schlichten.

Der Reiche sagte: »Ich hab meiner Nichte nur das Kälbchen geschenkt, nicht seine Nachzucht!«

Der Arme jedoch sagte: »Das Kälbchen ist mein, also ist auch die Nachzucht mein!« Wie sollte man da entscheiden?

Der Wojewode sprach zu ihnen: »Löst mir drei Rätsel! Wer sie errät, dem soll das Kälbchen gehören. Zuerst ratet: Was ist das Allerschnellste?«

Die Bauern gingen heim. Da dachte der Arme bei sich: »Was soll ich wohl sagen?« Und er sprach zu seiner Tochter Siebenjahr: »Töchterchen, Töchterchen! Der Wojewode befiehlt, zu erraten, was das Schnellste ist auf der Welt. Was soll ich ihm nun antworten?«

»Sei nicht traurig, Väterchen! Bete zum Heiland und leg dich schlafen!«

Und er legte sich zur Ruh.

Am Morgen weckte ihn Siebenjahr: »Steh auf, steh auf, Väterchen! Es ist Zeit, zum Wojewoden zu gehn. Mach dich auf und sag ihm: Das Schnellste auf der Welt ist der Gedanke!« Der Bauer erhob sich und ging zum Wojewoden; auch der Bruder kam hin.

Der Wojewode trat zu ihnen hinaus und fragte: »Nun, so sagt mir: Was ist das Allerschnellste?«

Der Reiche sprang vor und rief: »Ich hab ein so schnelles Ross, dass niemand es einholt: Es ist das Allerschnellste, was es gibt!«

Der Wojewode lachte nur und sprach zum Armen: »Und was meinst du?«

Der Arme sagte: »Der Gedanke ist das Schnellste auf der Welt!«

Der Wojewode staunte darüber und fragte: »Wer hat dich das gelehrt?«

»Meine Tochter Siebenjahr.«

»Na, dann gut! Ratet jetzt: Was ist das Fetteste auf aller Welt?«

Die Bauern gingen heim. Der Arme kam und sagte zu Siebenjahr: »Der Wojewode hat uns aufgegeben, zu erraten: Was ist das Fetteste auf der Welt? Was soll man da antworten?«

»Nun, Väterchen, gräm dich nicht: Der Morgen ist klüger als der Abend. Bete zum Heiland und leg dich schlafen.« Der Alte legte sich zur Ruh.

Am Morgen weckte ihn Siebenjahr: »Steh auf, Väterchen! Es ist Zeit, zum Wojewoden zu gehn! Fragt er dich, was das Fetteste sei, so antworte: Die Erde ist am fettesten, denn sie bringt Früchte aller Art hervor!« Der Bauer erhob sich und ging zum Wojewoden; auch der Reiche kam hin.

Der Wojewode trat zu ihnen hinaus und fragte: »Nun, habt ihr's erraten?

Was ist das Fetteste von allem?« Der Reiche sprang vor und rief: »Ich hab einen verschnittenen Eber, der ist so fett, dass es nichts Fetteres mehr gibt! Er ist von allem das Fetteste!«

Der Wojewode lachte und fragte den Armen: »Na, was meinst denn du?«

»Die Erde ist das Fetteste, denn sie bringt Früchte aller Art hervor!«

Der Wojewode erstaunte und fragte: »Wer hat dich das gelehrt?«

»Meine Tochter Siebenjahr!«

»Nun gut! Jetzt ratet aber: Was ist das Holdeste auf der Welt?«

Die Bauern gingen heim. Der Arme kam und erzählte Siebenjahr: »Das und das hat der Wojewode uns zu raten aufgegeben. Was soll ich da antworten?«

»Nun, Väterchen, sei nicht traurig: Der Morgen ist klüger als der Abend. Bete zum Heiland und leg dich schlafen.«

Am Morgen weckte sie ihn und sprach: »Steh auf, Väterchen! Es ist Zeit, zum Wojewoden zu gehn. Fragt er dich, so antworte: Dem Menschen ist das Holdeste der Schlaf, denn im Schlaf vergisst man jedes Leid!« Der Vater erhob sich und ging zum Wojewoden; auch der Reiche kam hin.

Der Wojewode kam zu ihnen hinaus und fragte: »Nun, so sagt mir. Was ist das Holdeste auf der Welt?«

Da rief der Reiche schnell: »Das Weib ist das Holdeste auf aller Welt!«

Der Wojewode lachte und fragte den Armen: »Und was meinst du?«

»Der Schlaf ist dem Menschen das Holdeste auf der Welt, denn im Schlaf vergisst man jedes Leid!«

Der Wojewode erstaunte und fragte: »Wer hat dich das gelehrt?«

»Meine Tochter Siebenjahr.«

Da ging der Wojewode in seine Gemächer, kam mit einem Sieb voll Eier wieder heraus und sprach: »Geh hin und bring deiner Tochter dieses Sieb mit den

Eiern, sie soll bis morgen aus ihnen Küken ausbrüten!«

Der Arme ging heim, weinte und erzählte Siebenjahr, was der Wojewode ihm aufgetragen hatte.

»Na, Väterchen, gräm dich nicht! Bete zum Heiland und leg dich schlafen: Der Morgen ist klüger als der Abend!«

Am nächsten Tage weckte sie den Vater: »Väterchen, Väterchen, steh auf! Es ist Zeit, zum Wojewoden zu gehn. Hier, nimm ihm ein wenig Hirsekorn mit und sag ihm, die Küken würden gleich fertig sein, aber mit frischem Sommerkorn müssten sie gefüttert werden; darum soll er es säen und nach einer halben Stunde muss das Korn reif sein und dann soll er es mir gleich senden.« Der Alte erhob sich und ging zum Wojewoden.

Der kam heraus und fragte: »Nun, hast du die Küken mitgebracht?«

»Ja, meine Tochter sagt, dass sie nach einer halben Stunde da sein werden. Aber man muss sie mit Sommerhirsekorn füttern, sagt sie; darum hat sie etwas Korn mitgeschickt, damit Ihr es sät; und alles soll nach einer halben Stunde fertig sein.«

»Aber ist es denn möglich, dass das Korn in einer halben Stunde heranwächst und reif wird?«

»Und ist es etwa möglich, Küken in einer Nacht auszubrüten?«

Der Wojewode konnte nichts machen: Siebenjahr hatte ihn überlistet.

Da gab er dem Armen ein Garn und sprach: »Deine Tochter soll bis morgen Leinwand weben und mir ein Hemd nähen!«

Der Vater ward traurig, ging fort und erzählte alles Siebenjahr.

»Na, Väterchen, gräm dich nicht. Bete zum Heiland und leg dich schlafen!

Der Morgen ist klüger als der Abend!« Da legte der Vater sich hin und schlief ein.

Am Morgen weckte ihn Siebenjahr: »Steh auf, Väterchen! Es ist Zeit, zum Wojewoden zu gehn. Mach dich auf, bring ihm Leinsamen und sag, dass das Hemd fertig sei, aber womit soll ich den Kragen durchsteppen? Mag er den Samen aussäen, damit er heranwächst und reif wird, und nach einer halben Stunde soll er mir den Faden schicken!« Der Vater ging hin und sagte es dem Wojewoden.

Der aber sprach: »Wie ist es denn möglich, dass der Flachs in einer halben Stunde heranwächst und dass man aus ihm Fäden spinnt?«

»Kann man denn aber in einer Nacht Leinwand weben und ein Hemd nähen?« Wieder hatte Siebenjahr den Wojewoden überlistet!

Da sprach er zum Alten: »Geh hin und sag deiner Tochter, sie solle zu mir kommen, nicht zu Fuß und nicht zu Pferde, nicht im Schlitten und nicht im Wagen, nicht nackt und nicht bekleidet, und nicht mit Geschenk und nicht ohne Geschenk!«

Der Vater kam heim und erzählte alles der Tochter.

Am nächsten Tage legte Siebenjahr ihre Kleider ab, wickelte sich in ein Fischernetz, nahm eine Taube mit sich und lief zum Wojewoden auf Schneeschuhen.

Sie kam zu ihm und gab ihm die Taube, aber die riss sich gleich los und flog davon.

Und so hatte Siebenjahr den Wojewoden wieder überlistet; doch sie gefiel ihm sehr und er sprach zu ihr: »Morgen komm ich selbst zu euch.«

Da fuhr der Alte in die Stadt, um Vorräte einzukaufen und den Gast bewirten zu können.

Gleich am andern Morgen kam der Wojewode an Siebenjahrs Hause vorgefahren. Da war aber weder ein Hof, noch selbst ein Pflock, nur der Schlitten und der Wagen standen vor dem Hause. Der Wojewode sah sich um, wo er sein Pferd anbinden könne. Er trat zum Fenster heran und fragte Siebenjahr: »Wo kann ich wohl mein Pferd anbinden?«

»Bind es zwischen Sommer und Winter an!«

Der Wojewode dachte und dachte darüber nach und kam nur mit Mühe darauf, dass zwischen Winter und Sommer heißen solle zwischen Schlitten und Wagen.

Dann ging er ins Zimmer und fragte: »Wo ist dein Vater und wann kehrt er zurück?«

»Mein Vater ist in der Stadt; fährt er einen Umweg, wird er zum Abend hier sein, fährt er aber geradezu, wird er auch nach drei Tagen nicht zurück sein.«

»Wie geht das wunderlich zu? Was soll das bedeuten?«

»Das bedeutet: Geradezu geht es durch den Sumpf, doch auf dem Umweg auf der Straße.«

Danach freite der Wojewode um Siebenjahr, doch unter der Bedingung, dass sie sich nicht in die Angelegenheiten seines Amtes mischen dürfe; hielte sie aber ihr Versprechen nicht, dann würde er sie mit dem, was ihr das Liebste sei, zurück zu ihrem Vater schicken. Sie wurden getraut und lebten glücklich und zufrieden.

War es lange nach dem oder nicht, da bat ein Bauer einen andern um ein Pferd, damit er vom Felde Rüben einfahren könne. Jener gab ihm das Pferd; der Bauer fuhr fort und kam erst spät am Abend zurück. Darum brachte er das Pferd nicht gleich dem Besitzer, sondern band es an seinen Wagen an.

Am Morgen stand er auf und sah unter dem Wagen ein Füllen liegen. »Das Füllen ist mein: Es liegt unter dem Wagen; gewiss hat es die Rübe oder der Wagen geworfen.«

Der andere aber, dem das Pferd gehörte, sagte: »Das Füllen ist mein!« Sie stritten und stritten sich und gingen zum Wojewoden, ihr Recht zu verlangen.

Der Wojewode entschied: »Das Füllen ist unter dem Wagen gefunden worden, so gehört es auch dem, dem der Wagen gehört!«

Das hörte Siebenjahr mit an, konnte nicht an sich halten und sagte ihrem Manne, dass er ungerecht richte. Der Wojewode geriet in Zorn und verlangte die Scheidung. Nach dem Mittagessen sollte Siebenjahr wieder zu ihrem Vater zurückfahren.

Doch während des Essens machte sie ihren Mann ganz betrunken. Er trank sich voll und schlief ein. Da befahl sie, den Schlafenden in den Wagen zu legen, und fuhr mit ihm zu ihrem Vater. Dort wachte der Wojewode auf und fragte: »Wer hat mich hierher gebracht?«

»Ich habe dich hergefahren«, sagte Siebenjahr, »wir machten ja aus, dass ich mitnehmen dürfe, was mir das Liebste sei. Da nahm ich nun dich mit!«

Er staunte über ihre Klugheit, versöhnte sich mit ihr und kehrte nach Hause zurück; und sie lebten fortan glücklich und in Frieden.

Zar-Bär

Es waren einmal ein Zar und eine Zarin, die hatten keine Kinder. Einmal ging der Zar auf die Jagd, um Pelztiere und Vögel zu schießen. Es war heiß, deshalb wurde er durstig und wollte Wasser trinken. Er sah auch einen Brunnen in der Nähe, auf den ging er zu und bückte sich, um zu trinken. Da überfiel ihn plötzlich Zar-Bär und packte ihn am Bart.

»Lass mich los!«, bat der Zar.

»Gib mir, was dir daheim fremd ist, dann lasse ich dich los.«

»Was kann mir zu Hause fremd sein?«, dachte der Zar, »ich meine, ich wüsste dort von allem. Ich gebe dir lieber eine Herde Kühe«, sagte er trotzdem.

»Nein, ich will nicht einmal zwei Herden haben.«

»So nimm eine Herde Pferde.«

»Nein, ich will nicht einmal zwei – aber gib mir das, was dir zu Hause fremd ist.«

Der Zar willigte endlich ein, machte seinen Bart frei und ritt nach Hause. Als er daheim einzog, hatte seine Frau ihm gerade Zwillinge geschenkt, Iwan Zarewitsch und Marja Zarewna; das war es gewesen, was der Zar zu Hause nicht gekannt hatte. Der Zar schlug die Hände zusammen und weinte bitterlich.

»Weshalb bist du so sehr außer dir?«, fragte die Zarin.

»Wie sollte ich nicht weinen, wenn ich meine leiblichen Kinderchen dem Zar-Bär versprach?«

»Wie ging das zu?«

»Ja das war so –«, und der Zar erzählte, was vorgefallen war.

»Wir werden sie ihm eben nicht geben.«

»Oh, das ist unmöglich, da zerstört er das ganze Reich und holt sie am Ende doch.«

Sie überlegten hin und her, was zu machen wäre, und fassten endlich einen Entschluss.

Sie gruben eine tiefe Grube, räumten sie schön ein und verzierten sie wie ein großes Gemach, versahen sie mit allerlei Vorräten zum Essen und Trinken und setzten zuletzt die Kinder hinein. Hierauf machten sie eine Decke über die Grube, bewarfen sie mit Erde und machten alles ganz, ganz glatt.

Bald darauf starben der Zar und die Zarin und die Kinder wuchsen und wuchsen. Endlich kam Zar-Bär, sie zu holen, er sah überall umher – aber niemand war da! Der Hof war ganz verlassen. Er lief und lief umher, durchsuchte das ganze Haus und dachte: »Wer kann mir sagen, wohin die Zarenkinder kamen?«

Siehe, da war ein Meißel in die Wand getrieben.

»Meißel, Meißel«, fragte Zar-Bär, »sag mir, wo die Zarenkinder sind?«

»Zieh mich heraus und wirf mich im Hof auf den Boden; wo ich stecken bleibe, dort grabe nach.«

Zar-Bär packte den Meißel, lief in den Hof und warf ihn zu Boden, da sprang der Meißel und rollte und blieb gerade dort stecken, wo Iwan Zarewitsch und Marja Zarewna verborgen waren. Der Bär wühlte die Erde mit seinen Pfoten auf, zerbrach die Decke der Grube und sprach: »Ah, Iwan Zarewitsch und Marja Zarewna, da seid ihr ja! Ihr wolltet euch vor mir verstecken? Vater und Mutter haben mich betrogen, dafür werde ich euch auffressen.«

»Ach Zar-Bär, friss uns nicht, unser Vater hat viele Hühner, Gänse und noch mancherlei besessen, das kannst du dir ja schmecken lassen«, sagten die Kinder.

»Nun gut, es mag so sein! Setzt euch auf meinen Rücken, ich will euch forttragen als meine Diener.«

Sie stiegen auf seinen Rücken und Zar-Bär trug sie fort über hohe, steile Bergesgipfel bis in die Wolken hinein, wo alles öde und leblos war.

»Wir haben Hunger und Durst«, sagten Iwan Zarewitsch und Marja Zarewna.

»Ich will fortlaufen, Essen und Trinken für euch zu holen. Bleibt einstweilen hier und ruht aus«, sagte der Bär und lief fort.

Der Zarewitsch und die Zarewna standen da und weinten bitterlich. Plötzlich erschien ein Falke, schlug mit den Flügeln und sprach: »Ach, Iwan Zarewitsch und Marja Zarewna, wie kommt ihr hierher?«

Sie erzählten es ihm.

»Weshalb entführt euch der Bär?«

»Wir sollen seine Diener sein.«

»Wollt ihr, dass ich euch davontrage? Setzt euch auf meine Flügelchen.«

Sie taten es und der helle Falke flog mit ihnen auf, höher, als Bäume stehen, niederer, als Wolken wehen, und wollte sie in weite Lande tragen, doch da gerade, da kam Zar-Bär zurück und sah ihn unter den Wolken hinfliegen. Er schlug mit dem Kopf auf die feuchte Erde, da schlug eine Flamme in die Höhe und versengte dem Falken hoch in der Luft die Flügel. Da ließ der Vogel die Kinder zur Erde niedersinken.

»Ah«, sagte der Bär, »ihr wolltet entfliehen? Dafür werde ich euch bis auf die Knöchelchen auffressen.«

»Friss uns nicht, Zar-Bär, wir werden dir treu dienen.«

Der Bär vergab ihnen und trug sie weiter fort, über immer steilere, höhere Berge. Über kurz oder lang sagte Iwan Zarewitsch: »Ach, ich habe Hunger.«

»Ich auch«, sagte Marja Zarewna.

Der Bär verbot ihnen streng, irgendwohin vom Platz zu weichen, und lief, um Nahrung zu holen.

Da saßen sie auf der Wiese und ließen ihre Tränen fließen.

Plötzlich erschien ein Adler vor den Kindern und fragte: »Iwan Zarewitsch und Marja Zarewna, was führt euch her?«

Sie erzählten es ihm.

»Wollt ihr, dass ich euch forttrage?«

»Ach, wohin denn? Der helle Falke versuchte es auch und konnte es nicht. Du kannst es auch nicht.«

»Der Falke ist ein kleiner Vogel, ich fliege viel höher als er. Setzt euch nur auf meine Flügel.«

Die Kinder taten es und der Adler schlug mit den Flügeln und schwang sich hoch und höher. Da kam gerade der Bär zurück und erblickte den Adler am Himmel. Er schlug mit dem Kopf auf die feuchte Erde und verbrannte ihm die Flügel. Der Adler ließ Iwan Zarewitsch und Marja Zarewna zur Erde nieder.

»Ah, ihr wolltet wieder entfliehen!«, sagte der Bär, »da fresse ich euch gleich!«

»Bitte, friss uns nicht. Der Adler verführte uns, wir werden dir treu und ehrlich dienen.«

Der Bär verzieh ihnen ein letztes Mal, gab ihnen zu essen und zu trinken und trug sie weiter fort.

Über kurz und lang sagte der Zarewitsch wieder: »Ich bin hungrig.«

»Ich auch«, sagte Marja Zarewna.

Zar-Bär setzte sie nieder und lief nach Nahrung aus.

Da saßen die Kinder im grünen Gras und weinten. Auf einmal stand ein Ochse vor ihnen, schüttelte den Kopf und sprach: »Iwan Zarewitsch, Marja Zarewna, was führt euch her?«

Sie erzählten es ihm.

»Wollt ihr, dass ich euch forttrage?«

»Was fällt dir ein? Der Falke und der Adler versuchten das vergeblich. Du kannst es schon gar nicht.« Und die Kinder weinten, dass sie vor Tränen kaum ein Wort hervorbringen konnten.

»Die Vögel trugen euch nicht fort, aber ich werde es tun! Setzt euch nur auf meinen Rücken.«

Sie stiegen auf seinen Rücken und er trabte gemächlich davon. Der Bär bemerkte, wie der Zarewitsch und die Zarewna flohen, und machte sich an die Verfolgung.

»Ach, Öchslein, riefen die Zarenkinder, »der Bär kommt gelaufen!«

»Ist er noch weit?«

»Nein, nahe.«

Gerade als der Bär mit seinen Tatzen zugreifen wollte, hob der Ochse den Schwanz und schlug ihm damit in beide Augen.

Da lief der Bär ans blaue Meer, seine Augen auszuwaschen, und das Öchslein trabte weiter, immer weiter voran.

Zar-Bär wusch seine Augen aus und verfolgte sie wieder.

»Ach, Öchslein, der Bär kommt gelaufen!«

»Ist er noch weit?«

»Ach, nahe.«

Der Bär sprang heran, aber der Ochse schlug ihm wieder in beide Augen. Der Bär musste wieder seine Augen auswaschen, während der Ochse weiterlief. So geschah es noch ein drittes Mal, danach gab der Ochse Iwan Zarewitsch einen Kamm und ein Handtuch und sagte: »Wenn Zar-Bär uns wieder einholt, wirf ihm den Kamm hin, und kommt er dann noch ein zweites Mal wieder, so schwenke das Tuch.«

Das Öchslein lief immer weiter und weiter. Iwan Zarewitsch sah sich um, da jagte Zar-Bär heran. Schon konnte er sie fast ergreifen, aber der Zarewitsch warf ihm den Kamm entgegen, da wuchs plötzlich ein dichter, wilder Wald empor, durch den kein Vogel fliegen, kein Tier kriechen, kein Mensch gehen, kein Reiter reiten konnte.

Der Bär nagte und nagte mit aller Kraft einen schmalen Pfad durch den Wald und nahm die Verfolgung wieder auf, doch die Zarenkinder waren weit, weit fort. Der Bär holte sie schließlich ein, aber der Zarewitsch, der Umschau hielt, schwenkte ihm das Tuch entgegen und es entstand ein feuriger See, so breit, so breit und seine Wellen schlugen von einem Ende zum andern.

Zar-Bär stand lange am Ufer und kehrte schließlich nach Hause zurück.

Der Ochse lief mit den Kindern noch bis zu einer Wiese, auf der stand ein großes, prächtiges Haus.

»Da habt ihr ein Haus«, sagte er, »lebt ohne Sorgen, aber draußen im Hof errichtet einen Scheiterhaufen, schlachtet mich und verbrennt mich darauf.«

»Ach«, sagten die Zarenkinder, »warum sollten wir dich schlachten? Bleib lieber bei uns, wir werden dich gut pflegen, mit frischem Gras füttern, mit reinem Quellwasser tränken.«

»Nein, verbrennt mich und säet die Asche auf drei Beete. Aus dem ersten wird ein Pferd herausspringen. Aus dem zweiten ein Hund und aus dem dritten wird ein Apfelbaum wachsen. Iwan Zarewitsch, reite auf dem Pferd und geh mit dem Hund auf die Jagd.«

So geschah es.

Einmal hatte Iwan Zarewitsch Lust, auf die Jagd zu gehen. Er nahm Abschied von seiner Schwester, stieg zu Pferd und ritt in den Wald. Da tötete er Gänse und Enten und fing ein lebendiges, junges Wölflein, das brachte er nach Hause. Der Zarewitsch merkte, dass die Jagd ihm glückte, zog wieder aus, schoss allerlei Gevögel und brachte ein junges Bärlein lebendig nach Hause.

Ein drittes Mal zog Iwan Zarewitsch auf die Jagd, aber vergaß diesmal, seinen Hund mitzunehmen.

Marja Zarewna ging unterdessen Wäsche waschen. Am anderen Ufer des Feuersees stand ein sechsköpfiger Drache, der verwandelte sich in einen schönen

Jüngling, als er das schöne Mädchen erblickte, und sprach ganz süß zu ihr: »Sei gegrüßt, schönes Mädchen!«

»Sci gegrüßt, schöner Jüngling!«

»Ich hörte von alten Leuten, dass dieser See früher nicht bestanden habe; wenn eine hohe Brücke über ihn geschlagen wäre, käme ich zu dir und freite um dich.«

»Warte, eine Brücke soll gleich gemacht sein«, antwortete ihm Marja Zarewna und warf das Handtuch hinüber. Es spannte sich im Augenblick zum Bogen und hing als hohe, schöne Brücke über dem See.

Der Drache kam über die Brücke, nahm seine ursprüngliche Gestalt an und sperrte Iwan Zarewitschs Hund ein, dann warf er den Torschlüssel in den See und packte die Zarewna und schleppte sie fort.

Als Iwan Zarewitsch heimkam, war die Schwester fort und der eingesperrte Hund heulte, da sah er die Brücke über dem See und dachte: »Gewiss trug ein Drache mein Schwesterchen fort.«

Er zog aus, sie zu suchen, da sah er im freien Feld ein Hüttchen stehen auf Hühnerfüßen und Hundefersen.

»Hüttchen, Hüttchen, sieh mir ins Angesicht und kehr dem Wald den Rücken.«

Die Hütte drehte sich um und Iwan Zarewitsch trat ein, da lag Baba Jaga mit dem Knochenbein, von einem Eck zum andern. Ihre Nase war an der Zimmerdecke festgewachsen.

»Pfui, pfui«, sagte sie, »bis jetzt habe ich von Russen noch nie etwas gehört und jetzt erscheint ein Russe mir vor dem Angesicht, drängt sich mir unter die Nase! Was willst du, Iwan Zarewitsch?«

»Ach, könntest du nur meinem Jammer abhelfen!«

»Was ist dein Jammer?«

Er erzählte es ihr.

»Geh nur nach Hause, dort steht ein Apfelbaum, brich drei grüne Zweiglein davon ab, flicht sie zusammen, schlag damit auf das Türschloss, hinter dem der Hund liegt, es zersplittert sofort in tausend Stücke, dann verfolge kühn den Drachen, er kann dir nicht widerstehen.«

Iwan Zarewitsch ging nach Hause, befreite den Hund, da war der so böse, so böse! Iwan Zarewitsch nahm auch den Wolf und den Bären mit und ging auf die Suche nach dem Drachen.

Die Tiere fanden ihn, fielen über ihn her und zerrissen ihn in Stücke.

Iwan Zarewitsch nahm Marja Zarewna wieder zu sich und so lebten sie zufrieden so fort.

Worterklärungen

Baba Jaga
Sie kommt in vielen russischen Märchen vor. Die alte Frau entspricht in manchem unserer Vorstellung von einer bösen Hexe, sie kann aber auch helfend auftreten. Insofern ist sie eine unberechenbare und zwielichtige Gestalt. Baba Jaga wohnt am oder im Wald in einer Hütte, die auf Hühnerbeinen steht und sich dreht. Sie isst Menschen und verziert ihren Gartenzaun mit deren Schädeln. Außerdem bewegt sie sich in einem Mörser fort, den sie mit dem Stößel lenkt. Ihre Spuren verwischt sie mit einem Besen.

Bojar
Adliger

Eidam
Schwiegersohn

Faden
Altes Längenmaß, ursprünglich so viel, wie ein Mann mit ausgestreckten Armen umfangen kann, entspricht etwa 1,7 – 2 m

Kaftan
Langes Gewand, meist bis zu den Kniekehlen

Kibitka
Überdachter russischer Reisewagen oder Schlitten

Kwass
Altes russisches kohlensäurehaltiges Erfrischungsgetränk. Es wird durch Gärung aus den Grundzutaten Wasser, Roggen und Malz gewonnen und schmeckt leicht säuerlich.

Pfühl
Federbett oder Kissen

Pud
Altes russisches Gewicht, entspricht 16,3805 kg

Strelitz
Schütze der Leibwache

Tracht
Unbestimmte Mengenangabe, eine Tracht Holz entspricht der Menge Holz, die ein Mensch tragen kann

Werst
Altes Längenmaß, entspricht 1,0668 km

Wojewode
Adliger

Zarewitsch
Zarensohn

Zarewna
Zarentochter

Zariza
Zarin

Verzeichnis der Autoren und Quellen

Alexander Afanasjew
(1826 – 1871) gilt als »der russische Grimm«. Ähnlich wie das berühmte deutsche Brüderpaar war er sich bewusst, welch großer Schatz in den Märchenerzählungen seines Landes liegt. Dieses wertvolle literarische Erbe wollte er bewahren, indem er es sammelte und herausgab.
Siebenjahr; Von dem Bauern, der gewandt zu lügen verstand aus: *Russische Voksmärchen*. Übertragen von August von Löwis of Menar. Verbesserte und erweiterte Ausgabe von Reinhold Olesch, © 1959 by Eugen Diederichs Verlag, Düsseldorf-Köln, in der Verlagsgruppe Random House GmbH, München
Fjodor Tugarin und Anastasia die Wunderschöne; Von dem kühnen Jüngling, dem Lebenswasser und den verjüngenden Äpfeln; Die braune Kuh; Die Geschichte von Wassilissa mit dem Goldzopf und Iwan aus der Erbse; Feuervogel und Zarewna Wassilissa; Emelja der Dummkopf; Wassilissa die Wunderschöne aus: *Russische Volksmärchen*. Gesammelt von Alexander N. Afanassjew, Deutsch von Anna Meyer, Stern, Wien 1906
Das Federchen vom hellen Falken Finist; Elena die Weise; Der Traum; Zarewna Frosch; Zar-Bär aus: *Russische Volksmärchen. Neue Folge*. Gesammelt von Alexander N. Afanassjew, Deutsch von Anna Meyer, Ludwig, Wien 1910

Samuil Marschak
(1887 – 1964) erregte schon als Gymnasiast mit seinen Gedichten das Interesse Gorkis. Von 1912 – 1914 studierte er in London, dann kehrte er nach Russland zurück. Während des Ersten Weltkriegs betreute er Flüchtlingskinder. Bekannt wurde er durch seine kinderliterarischen Werke und durch seine Übersetzungen englischer Gedichte.
Die zwölf Monate aus: *Die steinerne Blume. Märchen russischer Dichter und Erzähler*. Herausgegeben und aus dem Russischen übersetzt von Erich Müller-Kamp, © 1968 by Manesse Verlag, Zürich, in der Verlagsgruppe Random House GmbH, München

Michail Michailow
(1829 – 1865) war Lyriker, Erzähler und politischer Schriftsteller. Wegen seiner politischen Aktivitäten wurde er 1861 verhaftet, zu sechs Jahren Zuchthaus und lebenslanger Ansiedlung in Sibirien verurteilt. Michailow gilt als bedeutender Übersetzer französischer, deutscher und englischer Lyrik.
Die beiden Fröste aus: *Die steinerne Blume. Märchen russischer Dichter und Erzähler*. Herausgegeben und aus dem Russischen übersetzt von Erich Müller-Kamp, © 1968 by Manesse Verlag, Zürich, in der Verlagsgruppe Random House GmbH, München

Leo Tolstoi
(1828-1910) ist einer der größten Romanschriftsteller der Weltliteratur. 1859 gründete er auf seinem Landsitz eine Schule für Bauernkinder. Als Lehrer versuchte er, die Gedanken von Jean-Jacques Rousseau in die Praxis umzusetzen, und schrieb an einer Fibel, die 1974 in Russland erschien.
Die beiden Brüder aus: *Die steinerne Blume. Märchen russischer Dichter und Erzähler*. Herausgegeben und aus dem Russischen übersetzt von Erich Müller-Kamp, © 1968 by Manesse Verlag, Zürich, in der Verlagsgruppe Random House GmbH, München

Lautstand, Interpunktion und Orthografie wurden auf der Grundlage
der neuen Rechtschreibung behutsam überarbeitet.

1. Auflage
Copyright © 2009 Gerstenberg Verlag, Hildesheim
Alle Rechte vorbehalten
Einband- und Innenillustrationen: Julian Jusim
Textauswahl: Birgit Lockheimer
Druck und Bindung: Memminger MedienCentrum
Printed in Germany

www.gerstenberg-verlag.de

ISBN 978-3-8369-5253-8

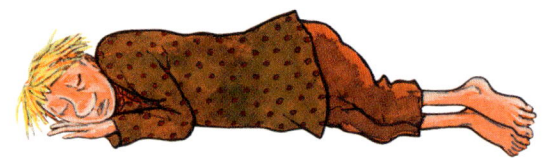